Couvertures supérieure et inférieure manquantes

Respectueux hommage

# LIMOGES QUI S'EN VA

## *Le Verdurier*
## *Puy-Vieille-Monnaie — l'Arbre-Peint*
## *Poulaillère*

*Limoges, Septembre 1897.*

Pouvons-nous en croire nos yeux ? Et ne sommes-nous pas le jouet d'un songe ? En traversant tout à l'heure les terrains vagues que le public et après lui l'administration se sont décidés à appeler très logiquement : « Place du Verdurier », après les avoir désignés quelque temps sous le nom saugrenu de « Place de l'Allée », nous avons vu la partie de ce petit désert avoisinant la rue de l'Arbre-Peint, du débouché de la rue Sainte-Catherine (Jeanty Sarre pour la Mairie) à l'ancienne rue des Suisses, occupée par une escouade de paveurs fort affairés, et il nous a été donné de constater, avec une stupéfaction dépassant la mesure de l'étonnement ordinaire, que ces braves gens n'étaient nullement en train de réparer l'ancien pavé. Ils l'avaient enlevé, au contraire, et, le sol soigneusement défoncé, sur une assiette nouvelle, conformément à toutes les règles de l'art, ils établissaient une belle et large chaussée, une chaussée paraissant se rapporter à une artère d'importance supérieure. Et ce tronçon de voie ne s'encadrait pas dans la place, ne se raccordait que pour la forme au pavé inégal des rues avoisinantes : il était visible que les ouvriers de la municipalité travaillaient pour l'avenir. Nous y regardâmes de plus près... Juste Ciel ! ce qu'ils construisaient là, c'était un tronçon de la rue Centrale...

Oui, de la rue Centrale, de cette voie dont le projet fut jadis l'objet de tant de discussions, le thème de tant d'articles de journaux si vivement commentés, le sujet de tant de lettres écrites à l'administration municipale et l'occasion de tant de visites intéressées à l'Hôtel-de-ville. Nous avons couru à notre bibliothèque pour jeter un coup d'œil sur le projet relatif à l'ouverture de la fameuse rue. Plus de doute : c'est bien cela. La municipalité reprend le projet presque quinquagénaire de M. Louis Ardant, projet dont l'exécution avait été poursuivie, d'une façon fort intermittente, par ses premiers successeurs. La démolition du quartier Viraclaud a mis nos édiles en appétit : il leur faut un autre quartier à se mettre sous la dent, et ils ont jeté leur dévolu sur le Verdurier. En vérité, ce n'est pas trop tôt.

Et voici précisément que nous rencontrons un de nos concitoyens, bien informé d'ordinaire, un homme possédant plus de tuyaux que n'en a le célèbre orgue de Fribourg ; — ce monsieur nous narre que le projet de la rue Centrale renaît décidément de ses cendres, comme le fabuleux phénix, et que l'administration municipale semble tout à fait résolue à le reprendre et à en presser l'exécution.

Nous nous permettons de manifester une certaine incrédulité... — Venez donc et voyez, nous dit notre interlocuteur. Il nous prend par le bras et nous conduit devant l'incomparable petit jardin que M. Pénicaud avait imaginé de planter le long de l'escalier descendant du Verdurier au boulevard de la Promenade, pour garnir un peu cette large brèche par où doit un jour passer la rue Centrale... O prodige ! les horribles cages branlantes qui s'élevaient sur le terre-plein de la rue Traversière du Verdurier, semblant défier la voie projetée et lui interdire le passage, ont disparu comme par enchantement. Les ouvriers de la municipalité les ont en quelques jours jetées par terre. La rue Centrale est déjà ouverte de ce côté. Des maisons n$^{os}$ 1, 3 et 5 du Verdurier, il ne reste plus que quelques lambeaux éparpillés et quelques arrachements aux pans mitoyens des immeubles conservés. La rangée des maisons de gauche commence seulement aux n$^{os}$ 7-9, où M. Charles Lavauzelle établit, il y a une vingtaine d'années, sa grande imprimerie militaire et jeta les bases de la puissante maison qu'à force de persévérance et de travail il a réussi à fonder.

L'idée de la rue Centrale date d'avant 1848 ; mais vers cette époque seulement elle prit corps : elle groupa autour d'elle des partisans déterminés. M. Pétiniaud Juriol, longtemps conseiller municipal, comptait parmi eux ; il en était de même de M. Louis Ardant, du docteur Bardinet. Un des premiers soins de M. Ardant, en arrivant à la mairie, fut de faire sérieusement étudier le projet par l'architecte de la ville. M. Régnault le prépara sous la direction, on peut dire sous les yeux du chef de la municipalité, qui était un homme à l'esprit ouvert et portant un intérêt sincère à la population qu'il avait charge d'administrer. Le projet fut présenté par le maire au conseil municipal dans un rapport daté du 1er mai 1852. Il consistait à élargir les rues du Verdurier, des Suisses, Poulaillère et des Taules, et à en rectifier les alignements et les niveaux, de façon à en former une seule rue large de 12 mètres, d'une longueur de 342 mètres environ, mettant en communication directe le boulevard de la Promenade avec la place St-Martial. Ce n'était là, du reste, que la première partie du projet, qui comportait le prolongement de la rue Centrale, jusqu'à la rue Ste-Valérie d'abord, ensuite jusqu'à la place Dauphine (Denis-Dussoubs).

Pourquoi et comment, après avoir dormi, abandonné et oublié pendant trente ans, au fond des cartons du service des travaux publics, — et ces cartons ont des abîmes d'une profondeur que peuvent seuls soupçonner les hommes ayant appartenu à l'administration, — pourquoi et comment le projet de la rue Centrale en sort-il soudain et sa reprise s'affirme-t-elle, ces jours-ci, avec tant d'éclat ? Y a-t-il sous roche quelque anguille électorale ? La Mairie veut-elle, aux frais du « commun » pour employer l'expression dont se servaient nos pères, être agréable à un ami — nous l'avons vu parfois, même sous d'autres administrateurs que M. Labussière — ou bien estimerait-on, à l'Hôtel-de-Ville, que la transformation de Viraclaud doit avoir pour conséquence nécessaire l'exécution d'un autre projet bien conçu, utile à la population, commencé sur plusieurs points et qui ne méritait pas d'être laissé d'aussi longues années en suspens ? La charité chrétienne veut que nous adoptions cette dernière explication. Il n'est pas bien sûr, toutefois, que ce soit la bonne.

Quoi qu'il en soit, l'ouverture de la rue Centrale à travers nos vieux quartiers est une excellente mesure et on ne peut qu'en féliciter l'administration.

Au point de vue archéologique, toutefois, quelques regrets sont permis. Le quartier qui va être ouvert à l'air et à la lumière est un de ceux qui avaient gardé jusqu'ici une physionomie originale. Pauvre comme Viraclaud, moins décrié que lui, il conservait plus de souvenirs du passé. Ce sont ces souvenirs que nous allons chercher à évoquer encore une fois, avant que leur dernier écho s'éteigne avec la chute des vieilles maisons où ils avaient trouvé asile.

# I

Quand on commença, il y a plus de quarante ans, à acquérir des immeubles en vue de l'ouverture d'une grande artère traversant de part en part le vieux Limoges et substituant une voie directe à l'itinéraire tortueux suivi par nos rois et nos gouverneurs pour se rendre de la porte Montmailler à la porte Manigne, le Verdurier conservait encore un peu de cette verdure à laquelle il devait son nom. Entre la rue Raffilhou et celle de l'Arbre-Peint, entre l'Arbre-Peint et la rue Notre-Dame de Lorette, quelques jardins montraient encore leurs arbres, leurs groseillers et leurs carrés de choux, au milieu des petites cours étroites, et le plus souvent infectes, servant de débarras à la plupart des maisons. Il y avait par ci par là, dans ce quartier populeux réputé le plus malsain de Limoges et le plus rebelle à l'hygiène, de petits réservoirs d'air et de verdure qui égayaient les regards et la vie des pauvres gens dont les fenêtres s'ouvraient sur ces minuscules oasis. Les principaux de ces jardins appartiennent à la maison n° 5 de la rue Raffilhou, occupée, il y a un demi-siècle, par un pensionnat de jeunes filles remplacé aujourd'hui par une corroierie, — et au n° 29 de la rue du Collège.

Le Verdurier avait été, sans doute, avant l'élargissement de l'enceinte du Château de Limoges, au douzième siècle, un faubourg à maisons clairsemées, émergeant de modestes vergers. A quelle époque fut-il annexé à la ville? Nous ne saurions le dire d'une façon précise. Nous le trouvons compris dans le périmètre des remparts dès le commencement du treizième siècle, au moment où les habitants de Limoges reconstruisent, en la reculant, l'enceinte fortifiée jetée à bas par le roi Henri II Plantagenet, en 1153, et de nouveau rasée par le même prince en 1182, à la suite de la révolte de ses fils.

Le Verdurier, ou Verdier, est souvent appelé, au moyen-âge, le « Verdurier de Manigne ». C'est, en effet, au canton de Manigne qu'il appartient ; on le trouve aussi, aux lièves de la Pitancerie de St-Martial, dénommé « le Verdurier de Vieille-Monnaie ». Peut-être ces désignations ne sont-elles pas employées indifféremment et s'appliquent-elles : la première aux maisons et terrains sis à l'ouest de la rue du Verdurier, du côté de Manigne ; la seconde aux immeubles sis à l'est, du côté de Vieille-Monnaie.

## II

La grande rue du Verdurier partait du carrefour formé par les rues Poulaillère, Andeix-Manigne et Raffilhou, à leur point d'intersection, (elle n'était, du reste, que le prolongement de la première), et allait déboucher, dans le petit chemin de ronde qui longeait les remparts à l'intérieur, en face d'une tour dont nous avons vu, il y a un quart de siècle à peine, disparaître les derniers vestiges et qui s'élevait auprès des immeubles Bonnel, en bordure au boulevard.

Cette tour, qui portait le nom de « tour

du Verdurier », n'est mentionnée, à notre connaissance, par aucun document du moyen-âge. Au seizième siècle seulement il en est parlé, et tout porte à croire qu'à cette époque elle venait à peine d'être construite.

D'après le rapport de M. Régnault sur le projet de la rue Centrale, cette tour aurait été édifiée en 1200 et réparée en 1417. Nous ignorons absolument où M. Régnault avait pu trouver ces indications et nous n'avons, pour notre part, nous le répétons, rencontré qu'au seizième siècle la mention de cette tour. A une pièce de la liasse n° 3020 (classement provisoire) des archives départementales, il est question, sous la date de 15?4, de la rue qui va à « la Prison neufve du Verdurier ». Plusieurs documents des XVI° et XVII° siècles parlent de la « tour de la prison neuve » ou de la « prison du Verdurier ». Cette tour, qui figure au plan de Fayen, daté de 1594, avait des créneaux, était de forme ronde et couverte à tuiles courbes. Au rez-de-chaussée se trouvait une grande pièce voûtée présentant une ouverture semblable à celle d'un puits. On descendait par là dans un étroit souterrain sous lequel passait un des plus anciens aqueducs de la ville, celui qui vient de la rue Poulaillère.

Le tour du Verdurier était appelée, au dernier siècle : « Tour de Mousnier », du nom de la personne qui l'occupait. Sous la Révolution, un certain nombre de citoyens en demandèrent la démolition à l'autorité municipale : ils alléguaient qu'elle rappelait l'ancien régime et portait encore les emblêmes de la féodalité ; que, d'autre part, elle embarrassait la circulation.

La municipalité d'alors avait autre chose à faire, et un demi-siècle devait s'écouler avant que la tour fût abattue ; on se borna à en enlever le couronnement.

III

Le Verdurier communiquait autrefois avec Manigne par trois petites rues. Il ne subsiste plus que deux de ces passages, dont le plus important est la rue Sainte-Catherine. C'est cette voie modeste et médiocrement fréquentée que notre administration débaptisa il y a une douzaine d'années pour lui donner le nom illustre de Jeanty Sarre. Ce Jeanty Sarre ne possédant pas de notice dans les recueils biographiques, même dans ceux qui ont spécialement trait au Limousin, et ses exploits, ses talents ou ses vertus n'ayant pas laissé une trace très profonde dans la mémoire de ses contemporains, nous avons dû ouvrir une enquête pour savoir tout au moins ce qu'était ce grand inconnu et pourquoi nos municipaux avaient tenu à lui rendre hommage au détriment de la bienheureuse patronne de toutes les demoiselles. Nous devons le confesser : nos recherches n'ont pas été couronnées de succès : Jeanty Sarre reste obscur et probablement mérite de demeurer tel. On n'a pu nous dire ni où il était né, ni comment il était mort. Tout ce qu'on sait de lui, c'est qu'il commandait la barricade de la rue du Petit Carreau, le 4 décembre 1851. Hugo parle de lui dans le chapitre saisissant de l'*Histoire d'un crime* où il raconte la mort de Denis Dussoubs. Naturellement le poète fait de Jeanty Sarre une espèce de héros. Tous Titans, ceux que touche cette plume transfiguratrice : les acteurs du drame, les comparses, les lampistes, les pompiers, les amis de l'auteur, ses enfants et l'auteur lui-même.... l'auteur surtout !

La dénomination de rue Ste-Catherine, au surplus, ne paraît pas d'ancienne date; nous ne l'avons rencontrée qu'au dix-huitième siècle, et peut-être n'est-elle pas antérieure de beaucoup à la Révolution. Nous relevions l'autre jour, dans un document de 1791, aux archives du Département, une mention de « la petite rue du Verdurier, dite de sainte Catherine » ; jusque-là, nous la trouvons simplement appelée « ruette » ou « charreyron » allant « de la grande rue Manigne au Verdurier » (1385, Répertoires de St-Martial), « de la grande rue Manigne au canton du Verdurier » (1547, ibid.). Un document des archives de l'Hôpital la dénomme, en 1500, « rue du Petit Verdurier ». Elle était fort étroite, et après l'incendie du 6 septembre 1790 seulement, la municipalité décida qu'elle serait élargie et la voie portée sur toute sa longueur à quinze pieds. En 1561, Bernard Longeaud, fourbisseur d'épées, occupait une des maisons de Manigne voisine de cette rue, peut-être même une de celles qui en formaient l'encoignure.

La seconde des rues qui faisaient communiquer le Verdurier et Manigne, est appelée au seizième siècle comme aujourd'hui : rue Traversière du Verdurier. Elle part de la Porte Manigne et n'est qu'un tronçon de l'ancien chemin de ronde : la construction d'une maison au dernier siècle a intercepté le passage ; mais au delà reprend le vieux charreyron : on en retrouve l'amorce de l'autre côté, à gauche de la rue du Canard. Comme cette ruelle passait sous la tour de la prison, elle est souvent, en 1666 notamment, appelée *rue de la Prison* ou *des Prisons*. On la dénomme encore *rue Basse du Verdurier* (*Essai historique sur Limoges*, de l'abbé Legros), et *rue des Etables*, parce qu'on y remisait, à une certaine époque, les animaux destinés à la boucherie. C'est la *rua de subtus Viridarium Manhaniæ* du XVe siècle. Au mois de mars 1503, Benoit Servilion, licencié en médecine, possède une maison dans la rue Basse du Verdurier (archives du Département, liasse 3884, classement provisoire).

## IV

Au moyen âge, il existait un troisième passage reliant le Verdurier à la « grande charrière » de Manigne : c'était la petite rue Aussaber, ou plutôt son prolongement ; car le principal tronçon de cette ruelle mettait en communication la Basse-Manigne avec la rue des Pousses et passait sur l'emplacement où M. Plainemaison, imprimeur, a depuis peu d'années construit son établissement. On trouve cette voie qualifiée tantôt de rue, tantôt de ruette ou charreyron (*carreyrolum*, pour *carreolum*). Son nom, qu'elle tient peut-être d'un de ses anciens habitants, est orthographié *Aussaber* en 1316, dans un titre de rente conservé à l'Hôpital ; *Ausaber* en 1381, dans la liève de la Confrérie des *Chandelles* de St-Pierre (Bibliothèque de MM. les Sulpiciens) ; *Aussabet* en 1498, à une pièce des Archives départementales (n° 6078 prov.) ; *Auzeber* en 1644, à un document du même dépôt (n° 3717). Cette rue fut englobée, vers 1630, dans les terrains sur lesquels les Oratoriens élevèrent leur couvent : un tronçon toutefois demeurait à l'usage du public, et c'est par ce qui restait de la rue Aussaber qu'on accédait, en 1650, à l'église de l'Oratoire. Cette petite avenue fut fermée plus tard et comprise dans la cour du couvent.

Le prolongement de cette petite rue portait le même nom ; il existait encore il y a quarante ans à l'état de passage particulier et s'ouvrait, à côté de la maison de M. Bonjour, huissier, au n° 28 actuel de la rue Manigne. La famille Mercier, qui, aux XVe et XVIe siècles, compta plusieurs orfèvres en réputation, possédait, avant 1381, une maison « à Ausaber » : *maijo que fo antiquamen de W. Mercier e apres de Guy Chavalier*. Le procès verbal de l'incendie de 1790 mentionne, avant la rue Ste-Catherine, une ruelle qui doit être le tronçon dont nous nous occupons ici. C'est du reste dans une maison située tout auprès de ce passage (immeuble Le Dorat) que prit naissance le grand sinistre qui devait causer aux habitants du quartier des dommages évalués alors à trois millions.

## V

D'après M. Maurice Ardant, la rue du Verdurier aurait porté à une certaine époque le nom de *rue des Claveliers* ou *des Cloutiers*. L'indication ne paraît pas exacte. Nous trouvons cette dénomination de « rue des Claveliers » attribuée en 1759 à la rue de l'Arbre-Peint ou à une de ses parties. Elle a été également donnée à la rue Raffilhou.

Il existait, dans la rue du Verdurier, une statue de la Vierge connue sous le nom de Notre-Dame des langes (*dau Bourossou*). Elle a disparu lorsqu'il y a un quart de siècle environ, on démolit le pâté de maisons qui couvrait la place actuelle du Verdurier.

La rue du Verdurier a toujours été occupée par de pauvres gens, des hommes de peine, des journaliers. Les propriétaires de quelques unes de ses maisons ont toutefois porté des noms connus : notons parmi eux des Courteys au seizième siècle, et au siècle précédent l'orfèvre Nicolas Chabassier, plus connu sous le nom de Colaud Maroutaud.

Dans les confrontations du XV$^{e}$ au XVIII$^{e}$ siècle, il est souvent parlé de maisons sises rue du Verdurier « avec une ruelle par derrière ». Cette mention se rapporte sans doute à un petit cul de sac qui existait entre la Grande rue du Verdurier et la rue Puy-Vieille Monnaie, à

8 ou 9 mètres de la première, et qui avait son entrée par la rue Notre-Dame de Lorette. Cette venelle desservait sept ou huit maisons du Verdurier ; une petite porte en fermait l'entrée. Les maisons qui la séparaient de la rue étaient fort étroites, et les huit immeubles portant, en 1860, les nos 14 à 28 du Verdurier, n'avaient guère, ensemble, que 32 à 33 mètres de façade, soit quatre mètres environ en moyenne.

Un peu plus loin, s'ouvrait, sur la même rue Notre Dame de Lorette, une autre ruelle, parallèle à la venelle dont nous venons de parler, mais moins étroite, plus longue, et desservant des immeubles plus importants. C'était « l'Allée » : nous devons reconnaître que nous ne l'avons trouvée nulle part désignée sous cette dénomination comme faisant partie de la voie publique ; mais comme elle traversait toute l'île et n'était séparée de la rue Arbre-Peint que par un seul immeuble, il y a lieu de croire qu'elle avait été autrefois, comme la ruelle Boutin ou Bouty, de Cruchedor, comme la ruelle Aussaber, un passage public.

Le tronçon de la rue du Verdurier qui est compris entre celle de l'Arbre-Peint et Raffilhou a porté, un peu plus d'un siècle, le nom de « rue des Suisses ». Ces Suisses étaient de fort habiles pâtissiers. La renommée de Grudy, célèbre dans tout le Verdurier il y a soixante ans, n'était qu'un pâle reflet de la leur. Ils s'appelaient De Gauden Tass et Bernard Saratz. On trouve aux archives de la Hte-Vienne (C. 524,

Arts et métiers), leur requête à l'effet d'obtenir l'autorisation de s'établir à Limoges. Elle est datée de 1760. Leurs produits eurent un succès prodigieux : le peuple ne désigna plus la rue où ils habitaient que sous le nom de *rue des Suisses*. L'autorité ratifia et consacra cette dénomination, que nous avons vu disparaître à l'époque seulement où une administration zélée pour les vrais intérêts de la ville, inspirée par un Conseil municipal digne de toute mémoire, imagina de changer le nom d'une partie de nos voies publiques. La *rue des Suisses* fut réincorporée à la rue du Verdurier, et la République se trouva désormais assise sur des bases inébranlables.

Sur quoi, il est permis à un modeste chercheur qui n'est plus correspondant du Ministère de l'Instruction publique, de hasarder une remarque. — Autrefois, c'était vraiment la population elle-même, la « voix publique » qui donnait leur nom aux rues ; à ce verdict du bon sens, de la raison, de l'usage, de la piété, de la reconnaissance, de la réalité des choses enfin et de la sincérité, de la spontanéité des sentiments, les municipalités ont substitué leurs caprices, le plus souvent injustifiés et incohérents, parfaitement absurdes parfois. Voudra-t-on voir là un indice du progrès de l'esprit démocratique et du *self government* ? On nous permettra d'en douter.

Au fond, il nous est fort indifférent qu'une voie publique s'appelle *Boulevard de la Poste aux Chevaux* ou *Boulevard*

*Victor Hugo*, *Boulevard Ste-Catherine* ou *Boulevard Gambetta* ; mais les anciennes dénominations, outre que tout le monde y était habitué et qu'elles ne pouvaient froisser personne, conservaient le souvenir de certains faits historiques, de certains détails de mœurs, de topographie locale. C'est à la vieille poste que nos pères allaient prendre la « berline » pour Paris ou pour Bordeaux, et que se sont plus tard arrêtées les énormes « diligences » de l'entreprise Laffitte et Caillard. C'est de l'auberge Ste-Catherine qu'était sorti le général Beyrand, un des plus braves divisionnaires des armées de la République.— Pourquoi effacer ces souvenirs sans nécessité, sans utilité, sans raison ? Pourquoi surtout blesser le sentiment religieux et patriotique d'une très grande partie de la population en remplaçant, par exemple, sur les plaques de la plus large de nos artères, le nom d'*avenue du Crucifix*, nom respectable, rationnel, historique, donné en quelque sorte par le suffrage universel de plusieurs générations, — par celui d'*avenue Garibaldi* : hommage saugrenu et répugnant d'une douzaine de politiciens d'aventure, limousins par accident, à un des hommes qui, dans ce siècle, ont fait le plus de mal à la France ?

## VI

La rue Notre Dame de Lorette, large de trois mètres, n'a pas d'histoire. On peut l'indentifier avec un « charreyron tirant de la rue du Verdurier à la rue du Puy de Vielhe Monnaie », mentionné sous la date de 1557 à une liève de l'abbaye de St-Martin, peut-être même avec le « charreyron de Vieille Monnaie» que signale en 1282 une autre liève, celle-ci de l'abbaye de la Règle ; mais la dénomination qu'elle a portée depuis la Révolution ne nous est fournie par aucun document ancien. Ce nom, elle le doit à la statue de la Vierge placée dans la rue Puy-Vieille Monnaie, en face du point où elle vient y aboutir. Cette statue a remplacé l'ancienne Vierge de la porte Vieille Monnaie : on sait qu'il y avait jadis à toutes les portes de la ville une statue de Notre Dame. Quand les portes furent supprimées, qu'on les mura ou qu'on démolit les tours sous lesquelles elles s'ouvraient, la statue vénérée fut installée à proximité et continua d'y recevoir les hommages et les prières du voisinage. Il en fut ainsi de la Vierge de la porte Manigne, de celle de la porte Lansecot et des autres.

La Vierge de la Vieille-Monnaie était placée, depuis plusieurs siècles peut-être, à l'endroit où on la voit encore, sous une niche des plus simples. Elle se trouve aujourd'hui renfermée dans une sorte de cage en verre fixée au mur de l'imprimerie Barbou. Jadis, dans les belles soirées d'été, pendant qu'après leur journée de travail, les parents prenaient le frais, assis devant les portes, et que les enfants s'amusaient un peu plus loin, faisant des rondes ou se livrant aux passes émouvantes du *béchou*, les jeunes filles du quartier se réunissaient devant la madone et chantaient des cantiques. Nous nous rappelons ces naïves et pittoresques scènes, dont M. Juge nous a laissé de si curieuses esquisses et qu'il nous a été donné de voir encore dans notre enfance : on les considérait dès lors comme des vestiges du passé et des reflets déjà un peu pâlis des tableaux du Limoges d'autrefois.

Devant la vieille statue, une petite lampe s'allume encore tous les soirs grâce à la touchante piété d'une famille du quartier. Depuis un demi-siècle deux vieillards, deux octogénaires, les époux Boudout, concierges de la maison Barbou, sont chargés de l'entretenir. Des personnes du voisinage offrent des bougies ou des cierges, pour ajouter à ce modeste éclairage, à l'époque de la fête annuelle. Jadis la lampe était entretenue par les cotisations et les offrandes en nature de tout le quartier. Une confrérie avait été, du reste, établie dans l'église de Saint-Pierre en l'honneur de Notre-Dame de Lorette, dont cette statue était, croyons-nous, la seule image à Limoges. La fête de cette association était fixée au troisième dimanche de septembre. Elle était célébrée avec beaucoup de solennité et beaucoup de réjouissances. C'était la fête de tout le quartier. Nous nous rappelons les aubades qui, il y a trente ans encore, réveillaient, le matin de ce jour-là, les membres de la confrérie. Le Verdurier, l'Arbre Peint et Vieille-Monnaie étaient en liesse. — *Qu'ey lou Loriot !* criaient de tous côtés les enfants, qui accouraient devant la statue et mêlaient leurs clameurs joyeuses aux roulements des tambours. C'est en effet sous le nom de *Loriot* que le peuple désignait cette fête.

Quelques personnes pieuses du voisinage sont restées fidèles aux vieilles traditions. Le jour de la fête, la niche de la rue Vieille-Monnaie est encore décorée de son lambrequin rouge, et le soir, devant la chère Notre-Dame, brille plus éclatante la vieille lanterne du Loriot.

Le clergé de St-Pierre venait autrefois, le jour de la fête, en procession à la statue de Notre-Dame de Lorette. Il arrivait par le Verdurier et se retirait par la rue Sainte-Marthe. Un autel était dressé aux pieds de la niche ; la statue y était placée et le curé donnait la bénédiction avec elle. Cet autel demeurait en place jusqu'au lendemain ; les personnes pieuses du quartier avaient l'habitude de passer la nuit devant cet autel, à réciter des prières et à chanter des cantiques. Ce curieux usage, que nous rappelaient il y a peu de jours d'anciens habitants de la rue Vieille-Monnaie, est signalé par l'abbé Roy Pierrefitte, dans son intéressante notice sur le *Culte de la sainte Vierge en Limousin*.

Des enfants costumés en roi et en reine figuraient à la procession. La Confrérie, chaque année, mettait aux enchères ces dignités éphémères que les parents se disputaient parfois avec une certaine animation.

Aujourd'hui, un arrêté dont nous ignorons la date (cette frérie n'est pas comprise à la liste des ballades établies par l'arrêté municipal du 18 décembre 1880) a institué, le second dimanche de septembre, une fête civile pour le Verdurier. On rit, on chante, on danse, on fait quelques tours au manège des chevaux de bois ; on hasarde quelques sous aux loteries foraines qui ont installé leurs tentes sur la place. Mais la fête est surtout pour le cabaret. Et on le voit bien le soir, on l'entend surtout, aux chansons avinées, aux refrains scabreux, aux hurlements qui scandalisent ou déchirent les oreilles des passants. Nous préférerions, nous osons le confesser, les cantiques que répétaient autrefois les enfants du quartier, agenouillés devant la statue de Notre-Dame et les rondes naïves qu'ils faisaient le soir, sous la petite lampe de la niche. Hélas ! ceux qui ont arraché du cœur du pauvre et de l'ouvrier la religion, sont les mêmes qui ont précipité l'ouvrier et le pauvre dans l'alcoolisme. N'en déplaise à M. Treich et à M. Labussière, il vaut mieux donner en perspective au peuple une place dans le ciel qu'un cabanon à Naugeat...

Les premières expropriations pour la rue Centrale et la démolition des immeubles acquis par la ville ont eu pour conséquence, il y a une trentaine d'années, la disparition de tout le côté gauche de la rue de Notre-Dame de Lorette, et le côté droit s'est trouvé en façade sur la place du Verdurier. La rue, par le fait, n'existe plus, et son nom serait déjà oublié, s'il n'était encore prononcé à propos des « filles de la Mère Marthe » et de leurs excellents beignets de Carême.

## VII

La rue du Verdurier, n'ayant pas d'aboutissant d'un côté, ne fut à aucune époque très fréquentée ; n'y passaient guère que ses habitants. Il n'en était pas de même de la rue Puy Vieille Monnaie, qui paraît avoir été, au moyen-âge, une artère d'une certaine importance. On la trouve même qualifiée, en 1247, à un terrier du fonds de Grandmont (Archives départementales, n°1044), de *carreria*, *rue charretière*, rue de premier ordre; ce nom n'appartenait à cette époque qu'à la voie principale de chaque quartier, à celle qui donnait son nom au *canton*, circonscription politique et électorale, plus tard militaire. Il ne semble pas, toutefois, qu'à aucune époque, Vieille-Monnaie ait été une des huit *charrières* du Château. Tout au moins aucun document ne nous permet-il de le constater.

Quoiqu'il en fût, elle était certainement, au treizième siècle, une des voies principales de la ville, comprenant alors toute la partie de la rue Arbre-Peint qui s'étend du point actuel de jonction des deux rues, jusqu'au Verdurier et à Raffilhou, et débouchant ainsi au cœur de Limoges. Plusieurs confrontations très anciennes seraient inintelligibles, si ce tronçon de voie n'avait pas appartenu à la rue Vieille-Monnaie et été primitivement désigné sous ce nom. Il faut dire que l'angle formé par cette portion de la rue avec la voie principale, celle qui aboutissait à la porte, paraît avoir été beaucoup plus ouvert qu'aujourd'hui. Il est évident, d'ailleurs, que les alignements actuels de l'Arbre-Peint sont relativement modernes. Nous verrons plus loin que la maison des Chevaliers de St-Jean de Jérusalem, sise du côté nord de la rue actuelle de l'Arbre-Peint, du côté de Raffilhou, était appelée l'*Hospital de Vieille-Monnaie*, et les terriers de la communauté de prêtres de Saint-Michel des Lions, conservent encore, au XVe et XVIe siècles, en reproduisant les énonciations d'anciens actes, le souvenir de l'état premier des choses. Notons, par exemple, cette confrontation très précise : « rue du Verdurier, allant de la Porte-Poulaillère, *en traversant le commencement de la rue Vieille-Monnaie*, aux murs de la ville. »

Depuis le quatorzième siècle, toutefois, le nom de rue Vieille-Monnaie n'a été attribué qu'à la voie allant de la tour de ce nom à l'Arbre-Peint. C'est donc cette portion de l'ancienne rue que nous aurons en vue dans les pages qui vont suivre.

Avant de résumer les résultats de nos recherches sur cette rue, nous devons rectifier l'orthographe actuelle de son nom, orthographe officielle pourtant depuis plusieurs siècles, mais qui n'en est pas moins fautive.

Puy, en bas latin *podium*, signifie : éminence, sommet d'une colline. Dans la rue Puy Vieille Monnaie, il n'y a pas plus de puy que sur une table. C'est, au contraire, une des rares voies de notre ville dont le parcours soit à peu près de niveau. L'origine exacte et l'étymologie véritable de son nom nous sont données, du treizième au seizième siècles, par quantité de documents. Un titre de rente des archives de l'Hôpital mentionne, en 1288, une maison sise « devant le puits de Vieille Monnaie » (*ante puteum de Veteri Moneta*) ; à une autre pièce du même dépôt, il est question, en 1432, d'un immeuble de la rue Vieille Monnaie « devant le puits de ladite rue » (*ante puteum dicte rue*). Un titre de 1486 (Arch. du Département n° 591 prov.) désigne ainsi notre voie : « rue publique de la Vieille Monnaie, venant de l'Arbre-Peint à la porte de Vieille Monnaie, auprès du puits » — *rua publica de Veteri Moneta, veniente de Arbore picta ad portam de Veteri Moneta, prope puteum.* Et à des actes de 1518 (Arch. dép. 2096) on lit : « rue du Puits de Vieille Monnaie » *in rua Putei de Veteri Moneta.*

Néanmoins, grâce aux caprices de l'orthographe, on écrit déjà *Puy de Vielhe Monnoye* au XV^e^ siècle (Lièves de la Règle, aux archives du Département) ; *Pout de Vielhe Monede*, aux seizième et dix-septième siècles (ibid n° 652). A partir du dix-septième, dans la plupart des documents, officiels ou privés, on trouve : *Puy Vieille Monnaie.* C'est aujourd'hui l'orthographe consacrée.

La rue de la Vieille Monnaie ne possédait pas seulement un puits (elle en avait même plusieurs, puisque M. Berger, entrepreneur, nous racontait ces jours derniers qu'il venait d'en boucher un très beau dans les dépendances d'une maison du haut de la rue,tandis que le puits d'où celle-ci tirait son nom paraît avoir existé à peu de distance de la porte) ; elle avait aussi, mais à son autre extrémité (pour parler plus exactement, à l'endroit où elle faisait un coude ; nous avons vu en effet qu'elle comprenait primitivement la rue Arbre-peint) un arbre planté dans une de ces petites places triangulaires ou carrées entourées de murettes, humbles précurseurs de nos squares, et que nos ancêtres aimaient à placer dans les carrefours assez larges pour que cet embellissement n'entravât pas la circulation. Celle-ci, du reste, avait peu d'exigences et en général la voirie du moyen âge ne se préoccupait guère que d'assurer le passage des piétons.

« L'arbre de Vieille Monnaie » était un ormeau et il est parlé de cet ormeau et de son *andeix* à un certain nombre de documents des treizième et quatorzième siècles : *Sot l'Andeir de Vielha Moneda*, écrit le rédacteur d'une des plus anciennes lièves de confréries qui nous aient été conservées ; « Sous l'orme (*subtus ulmum*) de Vieille Monnaie », lisons-nous à une pièce des archives de l'Hôpital (B 155) datée de 1285. Une confrontation de 1387, paraissant avoir trait à la même maison que la précédente, a remplacé la mention qu'on vient de lire par celle-ci : « devant l'Arbre-peint, (*ante Arborem pictam*) en la rue de Vieille Monnaie ». L'arbre de Vieille Monnaie et la Croix à laquelle on donnait le nom d'*arbre-peint* et qui servait à dénommer elle-même le tronçon ouest de la rue Vieille Monnaie, s'élevaient en effet dans le même carrefour. Ils sont identifiés dans certaines confrontations : « l'Arbre-peint, autrement appelé l'Arbre de Vieille Monnoye » (Arc. dép. fonds St-Martial.)

## VIII

A quelle époque l'atelier monétaire auquel la rue doit son nom, avait-il existé ? Question difficile et à laquelle nous ne nous chargeons pas de répondre. C'est vainement, en effet, que nous avons essayé de résoudre ce petit problème. Plusieurs auteurs ont écrit que la Monnaie était restée installée dans ce quartier jusqu'en 1660. C'est une grosse erreur. On ne l'y trouve à aucune époque, et on sait qu'à partir du quatorzième siècle, l'atelier monétaire est ailleurs. Nous pensons que celui-ci avait quitté le quartier dès la première moitié du treizième siècle. A cette époque déjà, la rue porte, en effet, le nom de *Vieille Monnaie*. La liève de la Confrérie de *Las Chieyras* (les Suaires), association charitable se proposant d'assurer aux indigents des funérailles décentes, mentionne, vers 1250, le quartier sous cette dénomination (*En veila Moneda*). Un document des archives du département, daté de 1247 et cité plus haut, précise : *In carriera de Veteri Moneta*. Enfin un acte de 1236, du fonds de la Règle (Arch. départ., n° 36 prov.) donne déjà ce nom à la rue et à la porte à laquelle elle aboutit.

La Monnaie avait donc été déjà transféré dans un autre quartier en 1236, si on entend les mots de « rue de la Vieille Monnaie » dans le sens de « rue où était la Monnaie et où elle n'est plus ». Mais s'il paraît probable que nos ancêtres l'entendaient ainsi, la chose n'est pas absolument sûre, et il serait possible qu'ils aient seulement voulu dire par là que la Monnaie était établie d'ancienne date dans la rue en question, ou qu'il y eut alors deux ateliers pour la frappe des espèces, un ancien et un nouveau — ce qui n'est pas absolument inadmissible, mais bien peu probable.

Nous devons reconnaître, néanmoins, qu'aucun titre, aucune confrontation, depuis le commencement du treizième siècle, ne révèle l'existence, postérieurement à cette date, d'un atelier monétaire dans la rue Vieille Monnaie. Une seule mention, au quinzième siècle, signale dans cette rue la « maison du vicomte » (Arch. dép. Terrier de la sacristie de St-Martial, n° 5491, fol. 33 et 34). Cette maison pourrait être celle où avait été installée la Monnaie ; mais rien ne l'indique.

D'après une note de M. de Lépine, insérée au *Calendrier ecclésiastique de Limoges*, « la monnoie de l'abbé de St-Martial se frappoit, vers l'an 1200, dans la rue Bancleger ». L'abbé possédait, nous avons lieu de le croire, certains droits sur la monnaie ; mais il est hors de doute qu'au treizième siècle il ne frappait plus d'espèces, si tant est qu'il en eût jamais fabriqué. A cette époque la monnaie appartient sans conteste au Vicomte, qui la tient du comte de Poitiers, duc d'Aquitaine, et qui la frappe sous le contrôle des bourgeois du Château, précieux auxiliaires pour la mettre en circulation. Plusieurs actes d'hommage des vicomtes aux abbés de St-Martial réservent du reste expressément, de la mouvance du prélat, le droit de monnayage ; on peut citer l'hommage de Gui VI à l'abbé Guillaume de Mareuil, en 1262, et celui de la veuve de Gui, pour elle et au nom de sa fille Marie, à Jacques de Calaure, en 1274.

Nous ne connaissons, en ce qui nous concerne, aucun document antérieur au quatorzième siècle et fournissant des indications sur le point qui nous intéresse. Un titre de 1322 mentionne la maison des Bonnaud, monnayeurs, place St-Michel ; mais il s'agit ici, semble-t-il, de leur habitation privée. En 1352, le roi a son atelier monétaire dans la Cité. Celui-ci, transféré plus tard dans le Château, est installé dans la rue du Temple, où on le voit établi, de 1418 à 1424, dans la maison d'un riche bourgeois, Pierre du Peyrat, à qui le maître particulier paye une ferme, figurant dans ses comptes de monnayage. Ce local était, on ne peut en douter, différent de l'ancienne monnaie, installée dans un bâtiment appartenant à la commune : il existait jadis, aux archives de l'hôtel de ville, un mandement du sénéchal de Limoges, daté de 1411, et relatif aux réparations à exécuter aux « hostels anciens », propriété des consuls, « ou, de leur permission, l'on soloyt battre la monnoye du Roy ». Il n'est pas impossible qu'au quatorzième siècle, les vicomtes (leur monnayage cesse vers 1364), puis le souverain aient fabriqué leurs espèces dans un immeuble situé au haut de la rue du Clocher, entre la place St-Michel et la rue de Gorre, immeuble mentionné souvent aux quinzième et seizième siècles sous cette désignation : « Maison et ouvroirs de la monnoie ». Suivant M. de Lépine et l'abbé Legros, l'atelier y était établi dès 1402. Nous l'y trouvons pour notre part vers 1450 et en 1488 ; mais en 1504, les Répertoires de St-Martial désignent cet immeuble par ces mots : « Maison de l'ancienne monnoie, près la place St-Michel », et une requête de 1577, des archives de l'Hôpital, établit que la fabrication a été transférée ailleurs.

Dès 1504, en effet, la monnaie royale se frappait dans le quartier des Combes, et l'atelier demeura dans une maison particulière louée à cet effet jusqu'à la prise de possession par le roi des constructions de l'ancien hôpital de St-Martial évacué le 14 août 1661. On y installa l'hôtel des monnaies, qu'on dut reconstruire cinquante ans plus tard.

Revenons à la rue Vieille-Monnaie. Peut-être faut-il remonter à une date très reculée pour trouver l'atelier d'où elle tirait son nom. Nous avons, dans une *Notice sur la monnaie de Limoges* (Limoges, Vve Ducourtieux, 1893, in-18 de 40 pages), rappelé le passage des Chroniques de St-Martial rapportant que l'abbé Etienne avait, dans la première moitié du dixième siècle, construit une tour appelée Orgolète ou Orgolet, *contra Scutarios*, du côté ou en face des fabricants d'écus ; mais ces écus étaient plus probablement des targes et des boucliers que des espèces monnayées. Et il est plus vraisemblable encore que ce mot *Scutarios* se rapporte à la tour ou porte et à la rue de la Cité désignées très anciennement sous le nom de *Scudarie* ou *Escutarie*, et en face desquelles, en effet, devait s'élever la construction de l'abbé Etienne. Ajoutons que *Scutarios* pourrait être aussi un nom propre, et que précisément, au treizième siècle, une famille Escudier possède des immeubles dans le Verdurier et Vieille-Monnaie. Concluons que les éléments précis nous font défaut pour la solution du petit problème posé par le nom de la rue Vieille Monnaie.

## IX

Nous avons dit que l'ancienne rue Vieille Monnaie ou du moins son tronçon principal, celui appelé plus tard du Puits Vieille Monnaie, aboutissait à l'*Andeix* du même nom. A son autre extrémité s'élevait une tour sous laquelle était pratiquée une porte mentionnée dès 1236 à une liève de l'abbaye de La Règle (Arch. du dépt. n° 36 prov.) Un titre de 1265 la signale : *porta de Velha Moneda* (Arch. dép., n° 7813 *bis*). D'autres documents la nomment, entre cette dernière date et l'an 1300. A l'un d'eux, de 1296, il est parle de « maisons et jardins sis entre la porte de Vieille Monnaie et la porte de la petite Boucherie, et où ont autrefois habité les religieux du Carmel » — *domi-*

*bus et ortis... inter portam de Veteri Moneta et portam de Parva Bocharia, in quibus olim morabantur fratres de Carmelo* (Arch. dép. 7479).

Cette mention rappelle un fait assez curieux de notre histoire locale et sur lequel un parchemin de la liasse 7813 *bis* des Archives de la Haute-Vienne nous a seul fourni des éclaircissements. — On sait que les religieux de St-François, venus à Limoges en 1223, s'établirent, sous la direction de St-Antoine de Padoue, dans les dépendances de l'abbaye de St-Martin, au nord-est du monastère, du côté de St-Paul, puis, à la suite de certaines difficultés avec l'abbé et la communauté, abandonnèrent ce petit couvent pour se transporter au sud de de leur premier établissement, tout auprès des tanneries de Palvézy, sous les remparts même du Château et à une centaine de mètres de la Porte Boucherie. Ils s'installèrent, en 1243, dans cette nouvelle maison. Les fils de St-Dominique les avaient précédés de quelques années dans notre ville. Ils y étaient arrivés en 1219 ou 1220, et y avaient été fort bien accueillis. Etablis d'abord de l'autre côté du pont St-Martial, sur le chemin qui montait à St-Lazare, ils se rapprochèrent de l'agglomération et dès 1238 (ou 1239) commencèrent, à l'extrémité du faubourg Manigne, à deux cents mètres de la Porte de ce nom, un couvent destiné à acquérir une certaine importance et une juste renommée.

Quelques années plus tard, parurent à

leur tour les religieux de Notre-Dame du Mont-Carmel. C'était en 1260. Leur première colonie s'établit dans l'ancien couvent des Dominicains, complètement abandonné par ceux-ci depuis quelques années. Ils y demeurèrent trois ans ; mais, comme les Frères Prêcheurs, ils trouvaient l'installation défectueuse et la ville trop éloignée pour qu'ils eussent chance de mener à bien l'œuvre qu'ils avaient en vue. Ils cherchèrent donc un emplacement plus rapproché et leur choix s'arrêta sur des terrains situés sous les murs de la ville, comme ceux des Franciscains, à deux cents mètres environ des constructions de ces religieux, et à peu près entre la porte Boucherie et celle de Vieille Monnaie — *inter portam de Velha Moneda et portam de Bocharia, vel circa* — disent les documents de l'affaire. Ces terrains étaient alors en jardins et en vignes, comme tous ceux qui s'étendaient de ce côté, dans la direction de St-Michel de Pistorie. L'avenue actuelle de Toulouse traverse certainement le couvent en projet.

Les Carmes avaient acquis le terrain, ou plus probablement l'avaient obtenu de la pieuse libéralité de ces « bonnes gens de Limoges », dont le cœur s'ouvrait si aisément aux desseins de Dieu et dont la main était si large à ses serviteurs. On avait commencé les constructions, lorsqu'un ordre du chef de l'Eglise lui-même vint arrêter l'exécution des projets des religieux.

Les fils de St-François avaient accepté

la perspective du voisinage des Carmes. Mais les Frères Prêcheurs ne virent pas la chose du même œil. Trois couvents de religieux mendiants sur un parcours de cinq ou six cents mètres, c'était beaucoup : les Dominicains estimèrent que ce serait trop. Ils s'adressèrent au Souverain Pontife et lui firent remontrer, par de puissants protecteurs sans doute, que l'intervalle séparant de leur maison l'établissement des Carmes n'était pas suffisant pour leur assurer le calme et la tranquillité indispensables à leurs études et à leurs prières : ils obtinrent un bref portant commission à l'abbé de St-Augustin lès Limoges, de s'opposer à ce qu'aucune maison régulière, d'hommes ou de femmes, aucune église ou chapelle fût construite dans un rayon de deux cents pas autour des limites du monastère des Frères Prêcheurs, avec ordre de sanctionner, au besoin, sa défense, des censures ecclésiastiques. L'abbé de St-Augustin, qui était alors Amelius, délégua, pour remplir la commission du pape, un chanoine bien connu, Elie Coral, frère ou cousin sans doute de l'auteur de l'intéressante chronique du monastère de St-Martin et plus tard official diocésain. Celui-ci, absorbé en ce moment par beaucoup d'autres affaires — *pluribus negociis impeditus* — chargea, le 22 avril 1265, le curé de St-Maurice de signifier au prieur des Carmes, à ses religieux et à leurs amis, la défense du Souverain Pontife et de leur enjoindre d'abandonner sur le champ les travaux commencés, leurs constructions étant à moins de deux cents pas de l'établissement des Dominicains.

Nous ignorons si les personnes qui faisaient les frais du couvent en construction se soumirent sur le champ. Peut-être l'affaire ne se termina-t-elle pas sans peine, puisque le texte de 1296 constate que les Carmes s'étaient effectivement installés auprès de la porte de Vieille Monnaie et y demeuraient : *morabantur*. Il semble bien néanmoins que très peu de temps après l'intervention du commissaire du St-Siège, les Carmes aient choisi un nouvel emplacement auprès des Arènes. On sait qu'ils construisirent définitivement leur monastère en cet endroit. Un passage des chroniques de St-Martial énonce qu'en l'an 1274, « commencerent bastir lous fraires deu Carmes » : mais le manuscrit latin n° 11019 de la Bibliothèque Nationale donne : 1264 au lieu de : 1274, et, si cette date de 1264 est exacte, l'indication aurait trait aux constructions arrêtées par les lettres pontificales et non aux bâtiments des Arènes.

Les *Annales manuscrites* sont probablement dans le vrai en assignant, au début de l'édification de ce nouveau couvent, la date de 1265. Il est vrai que deux passages des chroniques de Saint-Martial, rapportant à l'année 1260 la pose de la première pierre de « l'église de Notre-Dame des Arènes » ne laissent pas d'être un peu embarrassants. Mais il faut se rappeler qu'il existait une église paroissiale de Notre-Dame des Arènes, dont la circonscription fut réunie, au quatorzième siècle, à la paroisse de St-Michel.

C'est de cette église qu'il s'agit. On a vu de nos jours la paroisse de Notre-Dame des Arènes se reconstituer et former la nouvelle paroisse du Sacré Cœur.

## X

Revenons à la porte de Vieille Monnaie, que nous a fait un instant perdre de vue cet épisode caractéristique de l'histoire religieuse de notre ville.

Cette porte, sur les dispositions de laquelle nous ne possédons aucun détail, fut murée, en 1373, en même temps que celles de Mirebeuf, de Banléger, de Pissevache et de Lansecot. Les consuls et les habitants s'étaient rendus au Roi de France, après avoir directement traité avec Charles V et obtenu de lui des lettres royales maintenant et confirmant, dans les formes les plus solennelles, les libertés et privilèges concédés à la Commune par les souverains anglais. On craignait un retour offensif des ennemis, et on ne garda que les entrées indispensables : celles de Manigne, des Arènes, de Montmailler et de Boucherie. A peine laissa-t-on, à l'endroit où s'ouvraient les autres, une poterne étroite, qu'on barricadait à la moindre alerte.

La « Tour du portal du Puy Vielhe Monede » subsista néanmoins : on la reconnaît, avec sa forme carrée et sa terrasse, au plan du médecin Fayen, entre la massive porte Boucherie et la tour ronde des Prisons, coiffée de son toit en poivrière. Elle a, à ses étages supérieurs, trois meurtrières ouvrant sur la courtine qui la sépare de cette dernière tour.

Il est souvent parlé, à nos registres consulaires, de la portion des remparts qui avoisinait cette porte. Sous celle-ci passait un aqueduc ou plutôt un égout qui causa à nos consuls du seizième et du dix-septième siècles bien des tourments. En 1534, on fut obligé de recreuser les fossés pour donner cours aux eaux de ces *douhatz*, qui, ne pouvant s'écouler, refluaient dans les caves des particuliers et les remplissaient d'eau boueuse et de senteurs fétides, propres à entretenir, dans ces malheureux quartiers, les épidémies qui y faisaient, du reste, de fréquentes et terribles apparitions. On répara la tour elle-même et le petit pont qui franchissait le fossé, desservant la poterne — la grande porte ne paraît pas avoir été rouverte, bien qu'on la trouve mentionnée à plusieurs actes, en 1465 et 1540 notamment. — En 1538, de nouveaux travaux furent nécessaires. En 1603, il fallut relever la muraille qui, de la porte à la tour du Verdurier, s'était écroulée. Le 26 décembre 1718, c'est de l'autre côté, entre la porte de Vieille-Monnaie et celle de Boucherie, qu'un pan de mur se détache et comble le fossé. Les consuls vont faire la constatation du dommage et de l'état du rempart, assistés d'un prêtre communaliste de l'église de St-Michel-des-Lions, Jean Cluzeau, qualifié d'*ingénieur et architecte*. L'accident est serieux; la muraille est en ruine sur toute la hauteur du rempart, qui est de six toises, et sur une longueur de cent quatre-vingt-six pieds; il s'agit par conséquent de la courtine tout entière. Le procès-verbal indique que les murs étaient alors soutenus par des pilastres et des arcades comme ceux dont on voit encore les traces sur les murs des terrasses du tronçon du boulevard Gambetta jadis dénommé boulevard des Ursulines.

En 1770, la même courtine, qui avait été sans doute refaite dans de mauvaises conditions, choit de nouveau, entraînant quelques maisons qui se sont imprudemment appuyées sur elle. Peu de jours après, le même accident arrive entre la tour du St-Esprit et celle de Pissevache, L'arrêt de mort est déjà porté contre la vieille enceinte ; mais ces écroulements en accélèrent l'exécution.

Un an plus tôt, du reste, en 1769, on avait constaté la nécessité de démolir la tour de Vieille-Monnaie pour faciliter la circulation. On abattit donc, dans les derniers mois de l'année 1770, ce qui restait de la porte dont nous avons trouvé la mention dès 1236, et la rue Vieille-Monnaie eut alors un débouché direct sur la « Promenade ».

## XI

Nous avons dit qu'un égout passait sous la porte de Vieille-Monnaie. Les eaux, chargées de toute sorte de détritus, s'écoulaient à découvert, par une porte de cinq pieds sur trois, munie jadis d'une grille de fer ; mais les immondices s'amassaient derrière la grille, arrètaient le cours de l'eau et causaient des inondations dans les caves de tout le quartier. Cet égout venait du Verdurier et de la rue Poulaillère, et, au sortir de la ville, allait joindre ses eaux à celles du ruisseau de Joumar, devenu le ruisseau des Tanneries, pour former ensemble l'immonde courant qui se jette aujourd'hui dans la Vienne, à peu de distance en aval du Pont-Neuf. On appelait communément le conduit qui amenait ces eaux au fossé : « le Canal » et par corruption : « le Canard ». D'où la dénomination de « porte du Canal » et de « tour du Canard » donnée en 1718 et en 1780 à la porte et à la tour de Vieille-Monnaie (Arch. Hôtel-de-ville, DD 6 n° 30 et Registres consulaires). On trouve, en 1694, mention d'une « ruette » allant de Verdurier au Canard (Arch. dép. Règle, n° 36).

On donnait aussi le nom de « rue du Canard » à l'extrémité de la rue Vieille-Monnaie, du côté de la porte. La nouvelle percée garda ce nom, et le tronçon de l'ancienne rue, compris entre le boulevard et le débouché de la rue Notre-Dame de Lorette, conserva cette dénomination jusqu'à nos jours. Entre cette appellation grotesque, n'évoquant d'autre souvenir que celui du restaurant Dérignac, longtemps en vogue, et la dénomination historique de « Vieille-Monnaie », le Conseil municipal de Limoges ne pouvait hésiter. Lorsque la docte assemblée crut nécessaire de réviser le catalogue de nos voies publiques, elle décida que ce dernier nom disparaîtrait, et, depuis quinze ans, toute la rue, du boulevard à l'Arbre-Peint, porte officiellement le nom de « rue du Canard ».

Après la démolition, conformément à une ordonnance de l'Intendant du 20 février 1741, de la halle à la viande de la place du Marché, de ces vieux Bancs charniers déjà établis en 1220, une partie des étaux des bouchers furent transférés auprès de la Porte du St-Esprit ; les autres furent provisoirement installés dans le Canard, au-dessous de la tour qu'on démolit peu d'années plus tard.

Nous avons déjà parlé du tronçon de l'ancien chemin de ronde dont l'amorce subsiste encore du côté sud-ouest de la rue du Canard, derrière les maisons du boulevard Louis Blanc (autrefois la Promenade). La rue des Murailles,qui s'ouvre de l'autre côté du Canard et conduit à l'ancienne porte Boucherie, n'est que le prolongement de ce charreyron, élevé au rang de rue. Dès 1498, l'abbé Legros a trouvé cette voie dénommée : « rue par laquelle on va de la porte Boucherie au puits de Vieille-Monnoie ». Il y avait naguère, dans cette rue,une vaste construction que le peuple avait surnommée le *Château Gaillard,* par antiphrase, sans nul doute, car elle tombait en ruines. C'était l'ancien grenier de l'Oratoire, devenu l'asile de la misère la plus noire et de la plus effroyable promiscuité. Plusieurs fois dénoncé par le corps médical et le conseil d'hygiène comme un vrai foyer d'infection épidémique, le *Château Gaillard* fut enfin démoli en 1861.

Nous verrons plus loin qu'il est assez difficile, parfois, de distinguer cette rue de la Pauche Boucherie.

Le monastère de femmes de Notre-Dame de La Règle, le plus ancien de Limoges et probablement de tout le Limousin, était en possession de redevances sur presque toutes les maisons de ce quartier. On a déjà vu que les Escudier y avaient des immeubles au treizième et au quatorzième siècles ; les Angleys ou Langleys (*Anglici*), à qui la rue des Anglais doit certainement son nom, puisqu'ils y sont propriétaires au XIVe siècle et que dès lors elle est appelée comme aujourd'hui, — y possédaient une maison; les Maledent aussi. Le verger de Léonard « de Amelhac », orfèvre, situé entre Vieille-Monnaie et l'Arbre-peint, est mentionné en 1504 dans une confrontation (Rép^res de St-Martial). Un Mouret, orfèvre aussi, décédé avant le 27 juillet 1629, est propriétaire d'une maison faisant le coin de la rue Puy-Vieille-Monnaie et de la rue Arbre-Peint. L'immeuble contigu appartenait, à cette date, « au Masbaraud ». S'agit-il ici d'un des deux célèbres artistes qui gravèrent les médailles d'or offertes à Henri IV à son passage à Limoges, en 1605, et qui, dix ans après, furent appelés à Bordeaux pour y exécuter d'autres médailles « d'or massif, de la grandeur d'une assiette et d'un doigt d'espesseur », offertes par le corps de ville à Louis XIII et à Anne d'Autriche ? La chose n'est pas impossible. On sait que les deux frères Masbarreaud (*al.* Marbreaux) jouissaient d'une très grande réputation : — « Ce sont, dit l'auteur du *Supplément des Chroniques de la noble ville et cité de Bourdeaus*, les plus dignes ouvriers de France pour la fabrique des armes, sculpture, orfèvrerie et autres inventions. » Leur atelier était une des curiosités de Limoges et les étrangers de marque qui séjournaient dans notre ville, ne manquaient pas de le visiter. Le voyageur hollandais Zinzerling raconte qu'il vit chez les Masbarreaud des merveilles d'habileté et de délicatesse, et il les qualifie d' « incomparables artisans » — *Artifices incomparabiles*. Nos *Annales manuscrites* assurent qu'ils fabriquèrent « les pièces les plus belles et rares de leur temps en or, argent, assier, fer, ivoire et autres métaux et bois ». Ils furent appelés à Paris par le roi (Louis XIII sans doute) qui leur donna un logement aux Tuileries. Nous ignorons la date de leur naissance, celle de leur mort, le lieu ordinaire de leur habitation à Limoges.

Il n'existe aujourd'hui, dans l'ancienne *charrière* de Vieille Monnaie, devenue la « rue du Canard », qu'un seul établissement d'une certaine importance, l'imprimerie Barbou. M. Marc Barbou, chef de cette célèbre maison, continue honorablement d'honorables traditions de famille. Voilà trois siècles et demi bientôt qu'Hugues Barbou vint s'établir à Limoges, à la suite de son mariage avec la veuve de l'imprimeur Charles de La Nouaille. Ses descendants ont, depuis cette époque, exercé, de père en fils, sans interruption, l'art typographique. M. Paul Ducourtieux a récemment consacré à l'histoire des Barbou : branches de Lyon, de Limoges et de Paris, un livre très documenté et très intéressant.

Un assez bel immeuble, situé au-dessus des ateliers de M. Barbou et dont la cour seulement a son entrée par la rue Vieille Monnaie (la façade du bâtiment est sur la rue du Collège), a donné asile au Mont de Piété, à l'époque de la création de cet établissement, il y a quelque soixante ans.

## XII

Il existait, dans l'ancienne rue Vieille Monnaie, près de l'endroit où se joignaient ses deux branches : l'une se dirigeant vers la porte de ville, l'autre gagnant le Verdurier et Rafflhou, — un établissement d'une certaine importance, que l'abbé Legros comprend, à tort, dans la liste des hôpitaux de Limoges, car ce n'en était pas un au sens habituel du mot, bien qu'il en portât le nom.

Nous voulons parler de la maison de l'Hôpital de St-Jean de Jérusalem, appelé communément l'*Hôpital de Vieille Monnaie*.

Les ordres religieux et militaires créés pendant la Croisade, avaient, dans le courant du douzième siècle, établi un certain nombre de maisons dans le diocèse de Limoges. Les Templiers y possédaient des biens assez considérables et les recrues fournies à cette célèbre milice par notre pays furent nombreuses.

Les Hospitaliers de St-Jean de Jérusalem eurent, à l'origine, autant qu'il nous est permis d'en juger, moins de succès en Limousin.

Après la suppression de l'ordre du

Temple et la commission envoyée par le pape, en 1318, au Doyen de l'Eglise de Limoges, au Gardien des Frères mineurs et au Prieur des Dominicains de cette ville, à l'effet de mettre les Chevaliers de St-Jean en possession des biens des Templiers, l'importance de la fortune et du rôle des premiers dans le diocèse s'accrut considérablement.

Nous ignorons si, avant cette époque, ils eurent une maison à Limoges ; mais nous constatons la présence, au chef-lieu et sur plusieurs points du diocèse, de membres de leur ordre. Il y avait, dès la fin du douzième siècle, un « maître de l'hôpital de St-Jean de Jérusalem en Limousin » — *Magister hospitalis Jerosolimitani in Lemovicinio* (on trouve aussi : *Magister hospitalis Lemovicensis*). Gaucelin Chabbaud porte ce titre vers 1200 ; Gérald, en 1207 ; en 1223, G. Janbau (Arch. dép. D 679 et D 946).

Rien ne prouve que les chevaliers de l'Hôpital aient occupé la maison du Temple de Limoges, qui devait être importante et sur laquelle on a pourtant fort peu d'indications. Peut-être fut-elle distraite de l'héritage des compagnons de Jacques de Molay. Mais quatre ans à peine après la délivrance de cet héritage au maître de St-Jean de Jérusalem, l'existence d'un établissement de l'ordre à Limoges, dans le quartier objet de notre étude, nous est révélée par un document des archives départementales de la Hte-Vienne. Nous ne possédons aucun renseignement sur la construction de cette maison et nous ne saurions dire si celle-ci faisait partie des biens du Temple ou si elle avait été récemment édifiée ou achetée par l'Hôpital. Nous inclinerions toutefois à cette dernière opinion, aucun texte ne nous donnant lieu de penser que les Templiers eussent possédé quelque immeuble important dans cette partie de la ville.

Un acte de 1322 signale « la maison de l'Hôpital de Vieille Monnaie » — *domo Hospitalis de Veteri Moneta* (D 422), et il résulte de plusieurs confrontations, des énonciations d'un titre de 1396 notamment, que ce couvent avait un jardin — *Viridarium domus Hospitalis Sancti Johannis Hierusalem* (D 177) — qui devait avoir une certaine étendue. L'abbé Legros n'a trouvé mention de cette maison qu'en 1332. Elle était le siège d'une commanderie ou préceptorerie. Plusieurs immeubles du Verdurier, de Raffilhou et de l'Arbre Peint payaient encore, au dix-huitième siècle, des redevances au commandeur de Limoges ; il en percevait d'autres sur des maisons des rues du Temple, du Clocher, de la Petite rue du Temple (des deux côtés), de Viraclaud, et sur partie des terrains des Combes sur lesquels les Filles de Notre-Dame étaient, en 1634, venues s'installer (Archives du Département, n° 5624). Ces redevances provenaient peut-être, en partie du moins, de l'héritage des Templiers.

Quand la partie de l'ancienne *charrière* de Vieille Monnaie où elle était située, prit le nom de « rue de l'Arbre peint », la maison des chevaliers de St-

Jean continua d'être désignée par le peuple sous sa première dénomination. On la trouve encore appelée : « l'Hôpital de Vieille Monnaie » au quinzième siècle. Presque jamais nous n'avons rencontré l'expression « Hôpital de l'Arbre peint ». Cette maison, qui paraît avoir possédé certaines dépendances, occupait une notable portion de l'île circonscrite par les rues de l'Arbre Peint, du Verdurier, Raffilhou et Boucherie. Peut-être l'emplacement d'une partie du « verger » que nous avons mentionné plus haut, se retrouverait-il dans les jardins du n° 5 actuel de la rue Raffilhou et du n° 29 de la rue du Collège dont nous parlions au commencement de cette étude.

Cet hôpital, mentionné dans quelques pièces seulement du quatorzième siècle, apparaît plus souvent dans les documents du quinzième. Il est d'ordinaire appelé à cette époque : *Maison du précepteur* ou *du commandeur du Palais* (meyso ou comandayre du Palay, 1412, (Hôtel de ville cc 1), *domus preceptoris de Palacio, ordinis sancti Joannis Jherusalem*,1415 (Hôpital). — Le Palais était un des anciens couvents du Temple, dont l'Hôpital avait hérité. — En 1472, l'immeuble est encore dénommé de la même façon ainsi qu'à plusieurs confrontations des premières années du seizième siècle. Mais, en 1587, il se trouve occupé par un particulier et paraît être la construction désignée à une liève par ces mots : « Maison de Pierre Germain, qui fut de l'Hôpital de St-Jean de Jérusalem ».

## XIII

La « grande rue » de Vieille Monnaie allait autrefois, on l'a vu, de l'entrée de la ville au Verdurier, décrivant, dans la partie nord-ouest de son trajet, une sorte d'arc de cercle dont la convexité était tournée au Nord, ou plutôt constituée par deux lignes formant entr'elles un angle assez ouvert. Au sommet de l'angle venait aboutir une rue partant de *la charrière* de Boucherie, rue existant dès le commencement du quatorzieme siècle, appelée *Pauche Boucherie* et qui ne reçut que par extension le nom d'*Arbre Peint*.

Au point d'intersection de ces trois rues, « l'ormeau de Vieille Monnaie » égayait de sa verdure parcimonieuse le petit carrefour et donnait un peu d'ombre et de fraîcheur aux enfants qui jouaient, aux femmes qui venaient s'asseoir sur la murette de l'andeix, et rapiécer en bavardant les hardes de la maison.

Auprès de cet ormeau, qu'on trouve mentionné pendant un siècle et demi au moins, s'éleva, plus tard, une croix qu'on appela « la croix de l'Arbre Peint », soit parce qu'elle était en bois peint, soit parce qu'elle remplaçait un véritable arbre dont on avait, dans sa vieillesse, badigeonné le tronc : nous avons vu, dans quelques localités de la Suisse allemande, de vieux tilleuls accoutrés de la sorte.

Peut-être y eut-il, au quatorzième siècle, dans le carrefour de Vieille Monnaie, deux arbres peu éloignés l'un de l'autre. Une lièvo de la confrérie des *Pauvres à vêtir* note, en 1318, sur ce point même, à ce qu'il semble, « l'arbre de Vieille Monnaie » et « l'arbre de Boucherie », paraissant les distinguer : *Sobre l'aubre de Vielha Moneda... davant l'aubre de Bocharia* (on a vu que la portion de la rue Arbre-Peint la plus rapprochée de Boucherie, la rue Sainte-Marthe d'il y a quinze ans, était souvent dénommée : rue *Pauche Boucherie* ou petite rue de Boucherie). Il paraît difficile d'admettre que, dans un si étroit espace, on eût planté deux arbres. Plus tard, du reste, dans l'analyse d'un acte qui nous est fournie par les Répertoires de St-Martial, nous relevons cette expression : « l'Arbre-Peint, autrement appelé l'arbre de Vieille Monnaie ». On ne peut voir néanmoins, dans ce texte, une preuve absolue. Il s'agit, pour l'auteur de l'analyse, de préciser un endroit, non de caractériser des objets accessoires. Sa préoccupation exclusive est d'identifier les immeubles, de suivre leurs transmissions, de constater le paiement régulier, par les tenanciers successifs, des rentes qui grèvent les fonds. Le côté archéologique des choses est son moindre souci.

En somme, il est probable que ce fut sur le tronc même du vieil ormeau de Vieille Monnaie ou, tout au moins, à la place longtemps occupée par lui, qu'on érigea la croix dite de l'Arbre-Peint.

Nous écrivons : *Arbre Peint*, suivant l'orthographe officielle, — la bonne cette fois. Il n'y a pas la moindre incertitude sur l'origine et le sens de cette dénomination. Si le rédacteur de la *Feuille hebdomadaire*, fort indifférent à l'exactitude historique des étymologies, écrit dans la seconde moitié du dernier siècle : *Arbre Pin* ; si l'on trouve la même forme à une liève de la Règle (Arch. dép. n° 36) en 1629, et à une mention des répertoires de St-Martial relative à un acte de 1606, — il existe, du quatorzième siècle à nos jours, des centaines de textes orthographiant ou traduisant le nom de notre rue de manière à ne laisser subsister aucun doute. Notons-en quelques-uns : en 1373, *subtus Arborem pictam* (Arch. dép. fonds St-Martial, liasses diverses) ; en 1381, l'*Aubre penh* (Séminaire ; liève des Chandelles) ; en 1387, *ante arborem pictum* (Hôpital) ; en 1407, a l'*Albre pench* (Dép. liève des Pauvres à vêtir) ; à l'*Arbre peinch*, XV$^e$ siècle (Pitancerie St-Martial) ; 1504, *in rua Arboris picte* (St-Martial, terrier Baignol) ; 1606, " au devant de la croix de l'Arbre Peint » (Arch. dép. 9084) ; 1630, " rue de l'Arbre Paing " (Hôtel-de-ville GG 230) ; 1644, " rue qu'on va de l'esglise des Pères Jésuistes à la croix appelée de l'Arbre Peing " (Dép, fonds de la Règle, n° 5476) etc., etc.

Nous ne trouvons mention, avant le XIV$^e$ siècle, ni de l'Arbre de Boucherie, ni de l'Arbre Peint, ni de la rue à laquelle celui-ci avait donné son nom.

Vers le milieu du dix-huitième siècle, on s'avisa que la croix de l'Arbre Peint gênait la circulation. Elle fut enlevée ;

mais ou la plaça devant la façade de l'église St-Pierre, auprès du clocher.

La croix à laquelle l'Arbre peint servait de socle fut sans doute plus d'une fois remplacée. Au commencement du seizième siècle elle était en fer : d'où le nom d'*Arbre de fer* ou d'*Arbre ferré* qui lui est donné quelquefois. En 1518, l'article n° 2096 des Archives du département nous fournit un acte où il est question de la rue qui va du Puits de Vieillé Monnaie à l'*Aubre Farrat*. L'abbé Legros signale, à la date de 1494, une mention de la *rue de l'Arbre Ferré*, qu'il semble identifier avec une autre voie que celle de l'Arbre Peint. Le texte que nous venons de citer nous paraît toutefois ne pas laisser de place au moindre doute.

Au quinzième siècle, un jeu de paume (jeu fort en vogue alors), était établi dans les dépendances d'une maison de la rue Arbre Peint. Il n'est pas impossible que l'ancien Hôpital de St-Jean de Jérusalem eût été utilisé pour cette installation, qui demandait un assez large espace. Quoi qu'il en soit, l'existence du jeu de Paume ne nous est pas révélée avant 1494 ou plutôt 1495. Un texte du mois de mars de cette année mentionne une maison rue Arbre Peint, contigue par derrière au Jeu de Paume : *ad ludum palmæ*. (Hôtel de ville, G G 287, fol. 4.) Celui-ci n'y resta pas longtemps ; car, à une lièvo de la confrérie de Notre-Dame du Puy, une confrontation de 1508 désigne « lo Vargier que fo lo Juec de la Paulma ». Dès 1505, le Jeu de Paume en effet était transféré dans la rue de la Petite Pousse; il devait rester installé dans ce quartier jusqu'à 1790. Il fut brûlé dans le grand incendie du mois de septembre; on sait qu'on y avait donné les représentations théatrales jusqu'au jour (mars 1744) où une société dite « des concerts » eût traité avec l'administration municipale et les Juges de la Bourse pour établir un théâtre au premier étage de l'Hôtel de Ville. Le Jeu de Paume de la rue de la Pousse était appelé « le Grand Jeu de Paume ». Il y en avait un autre dans les Combes, dès 1508. Ce dernier ne demeura pas toujours dans les mêmes locaux, puisqu'en 1545, les Répertoires de St-Martial font mention de la « maison et vergier de Pierre Gaudy, prestre, qui fust Jeu de Paulme ». On trouve plus tard celui-ci dans Viraclaud, du côté de La Rochette, (1699 et 1722). Les deux jeux de paume subsistèrent concurremment pendant deux siècles au moins. On les trouve l'un et l'autre mentionnés, à la date de 1670, dans un manuscrit du Séminaire d'où nous avons tiré des indications précieuses sur bien des particularités de l'ancien Limoges : le cahier de recettes et de dépenses du service de la police, tenu par Jean Beysse, commis greffier de cette juridiction.

L'Arbre Peint avait déjà des cabarets au siècle dernier; on y rencontrait même des auberges : celle des *Trois Rois* est tenue par un nommé Borie, en 1759. (Arch. départ. nº 5624).

Nous trouvons dans la même liasse des

archives, en cette même année, la rue de l'Arbre-Peint dénommée : rue « de l'Arbre-Peint ou des Claveliers ».

L'enquête sur les événements qui ensanglantèrent les rues de Limoges au mois d'octobre 1589 (Archives nationales KK 1212) fait également mention de la rue des Claveliers.

Nous croyons qu'il y bien peu d'exemple de cette appellation. On relève néanmoins une « place des Cloutiers », à Limoges, désignée, en 1725, dans un titre du riche chartrier de M. le baron de Nexon.

La maison formant encoignure, à droite en entrant dans la rue de l'Arbre Peint, quand on venait du Verdurier, avait donné asile, pendant vingt-cinq ou trente ans, dans la première moitié de ce siècle, au tribunal de commerce. Cette maison possédait d'assez belles boiseries. Acquise pour l'ouverture de la rue Centrale, elle ne fut démolie qu'après 1870. La juridiction commerciale l'avait quittée depuis longtemps pour s'installer dans le nouveau Palais de Justice.

## XIV

A quelle époque fut ouverte la rue « Pauche Boucherie », un des tronçons de la rue Arbre-Peint, qui aboutissait à l'Andeix de Vieille Monnaie et mettait en communication celle-ci avec la « charrière de Vieille Boucherie (aujourd'hui rue du Collège)? Nous ne saurions le dire ; mais nous avons la preuve qu'elle existe dans la première moitié du quatorzième siècle. A un acte de 1322, il est dit qu'une maison, appartenant à Martial de Genal hac, forme l'encoignure de la rue Boucherie et de la rue qui va à Vieille Monnaie : *Quayria rue per quam itur in ruam de Veteri Moneta* (Arch. Dép. D. 422). Cette voie est nommée « rue de la petite Boucherie » ou « Petite rue de la Boucherie » à partir de cette époque : *rua Parve Bocherie* en 1337 (Arch. Dép. n° 4472); *in parva Boucharia, aliter a l'Arbre peinch*, en 1373 et au XVe siècle (ibid, Lièves de St-Martial) ; *rua Parve Bocherie, prope Arborem Pictam*, en 1393 (ibid. 2399); *rua Parve Boucharie*, en 1433, etc. etc. ; on l'appelle aussi *Pauche Boucherie*, 1358, 1391, etc. (Répertoires de St-Martial); la *Paucha Bocharia* (Lièves des Pauvres à vêtir) ; « rue de la Pauche Boucherie, en bas l'Arbre Pain » (Hôpital), et aussi *rua de Bassa Bocheria* en 1392 (Arch. Dép. Juridictions diverses).

Il y avait, dans cette rue, une maison noble connue à Limoges sous le nom de *Maison des Girouettes*. Elle tenait probablement son nom des girouettes qui surmontaient son toit, et qui étaient, comme on sait, un attribut seigneurial. La « Maison des Girouettes » fut vendue, en 1725, par Quiterie ou Guiterie Begogne à Jean Baptiste Cramaille : une demoiselle Cramaille la possédait vers le milieu du siècle. L'immeuble en question était situé à droite en allant de Boucherie à l'Arbre-Peint, du côté de Raffilhou par conséquent.

Les confrontations que nous citons plus haut et beaucoup d'autres qu'il serait superflu de reproduire, ne laissent aucun doute sur l'emplacement de la rue Pauche Boucherie. Elle est dite « à l'Arbre peint », « de l'Arbre peint », « allant à l'Arbre peint », « auprès de l'Arbre peint » : il faut donc la placer à l'extrémité nord-ouest de Vieille Monnaie, et on ne saurait l'identifier avec la rue des Murailles, qui aboutit à l'extrémité sud-est de la même rue et qui n'était du reste qu'un *charreyron* étroit et irrégulier, à peu près en dehors de la circulation. Néanmoins, les indications de trois ou quatre actes seraient de nature à embarrasser singulièrement les chercheurs consciencieux : ainsi l'auberge des *Trois Rois*, que nous avons vue désignée rue de l'Arbre-Peint en 1759, est dite, en 1775 : « près la porte Boucherie ». Avait-elle déménagé ? — Un titre de 1296, aux Archives de la Hte-Vienne (nº 7479) nous apprend qu'il y avait en 1296, sous la porte Boucherie, des maisons en pierres dites « aux Giroartz », où on pourrait, sans trop de témérité, retrouver la *Maison des Girouettes* de 1725. La corruption des mots en fait bien d'autres... A cette date de 1296, plusieurs documents (nos 7479 et 7813 *bis* des Archives du département), mentionnent « la porte de la Petite Boucherie » et comme une liève de la confrérie des *Suaires*, aux Archives départementales, parle en 1270 de *deux* portes de ce nom, — *entre las doas portas de Bocharia*, — on ne sait plus trop comment s'y reconnaître. Aussi comprenons-nous qu'on ait plus d'une fois confondu la Pauche Boucherie avec la rue des Murailles.

On trouve en 1756, dans une pièce des

archives de l'Hôpital, (B. 118, 119) une rue appelée « Pauche Boucherie ou de la Bannière des Bouchers » ; mais ici cette dénomination ne paraît pas s'appliquer à notre rue et doit probablement avoir été employée pour désigner soit la rue du *Rullet* (du Canal), soit un des passages aboutissant à la rue Torte.

La rue Pauche Boucherie prit au dix-huitième siècle seulement, croyons-nous, le nom de *Rue Sainte Marthe*. Nous ne connaissons pas l'origine de ce changement. Il y avait une chapelle de Ste-Marthe, dès 1398, au cimetière de St-Paul, sur la place Jourdan actuelle ; mais on ne voit pas qu'il ait existé de confrérie sous le patronage de la ménagère de Béthanie, et, dans tous les cas, on ne découvre aucun rapport historique entre les deux dénominations.

La rue Sainte-Marthe a été, dans la nuit du 7 au 8 juin 1870, le théâtre d'un des plus terribles incendies que Limoges ait vus dans notre siècle, d'un de ceux dont les incidents dramatiques ont ému au plus haut degré notre population, d'ordinaire si calme, disons plus, si indifférente en face des sinistres de cette nature.

Ce fut l'incendie de « bienvenue » de l'essence minérale pour l'éclairage, dont l'usage était peu répandu encore à cette époque, et qui n'avait pas, croyons-nous, fait jusqu'ici parler d'elle dans notre ville. Il était huit heures du soir à peu près. Une épicière, Mme Sègue, garnissait sa lampe, ou, suivant d'autres récits, servait une pratique ; la flamme de la lampe ou d'un autre flambeau, trop rapproché de la bouteille d'essence, communiqua le feu à celle-ci, qui fit explosion. En un instant le magasin fut en feu. Un quart d'heure après toute la maison flambait et la flamme attaquait les constructions voisines. A dix heures, cinq ou six maisons brûlaient et on pouvait craindre une catastrophe semblable à celle du 15 août 1864. A force de travail et de courage, les sapeurs-pompiers parvinrent enfin à préserver la maison formant l'encoignure de la rue du Collège ; mais celles portant les nos 4, 6, 8, 10, 12, 14 de la rue Ste-Marthe, et les nos 2 et 4 de l'Arbre peint, étaient les unes entièrement consumées, les autres tout à fait inhabitables : le mobilier de soixante-deux familles était perdu. Une femme malade fut descendue du quatrième étage, pliée dans un drap, et les journaux du temps signalèrent plusieurs autres sauvetages émouvants.

## XV

Raffilhou est certainement une des plus anciennes rues de Limoges. Mais que veut dire ce nom, peu élégant, il faut en convenir, et d'orthographe bizarre. Nous croyons bien qu'on n'est pas fixé sur son étymologie. On a émis beaucoup d'hypothèses là-dessus. Plusieurs, et nous sommes assez de cet avis, estiment qu'il faut chercher un nom de famille, un nom de propriétaire ou d'habitant à l'origine de cette dénomination. Raffilhou serait la rue Filhou, la rue de Filhou — *rua Filhou* —

Il est certain qu'une famille de ce nom existe au moyen âge à Limoges. On trouve plusieurs mentions de ses membres aux XIII$^{e}$ et XIV$^{e}$ siècles ; Pierre Filhou vit en 1472 (Arch. du dép$^{t}$. Terrier de St-Gérald) ; Barthélemy Filhou, marchand, possède une maison dans la rue Boucherie en 1482 (ibid. fonds de St-Martin) ; nos *Registres consulaires* nomment Johan Filhou, qui est élu partisseur des tailles pour le canton de Manigne en 1512 ; Pierre Filhou, partisseur pour La Porte en 1521, et bien d'autres. Il y avait encore, dans notre ville, aux deux derniers siècles, plusieurs familles du nom de Fillioux ; il en existe même aujourd'hui. La plus ancienne orthographe du nom de cette rue paraît confirmer l'opinion que nous avons émise sur son origine.

Au treizième siècle, l'auteur dela Liève des *Suaires* qui a été reliée dans le vieux cartulaire de l'Hôtel-de-ville, écrit : *en Rua Filo*, et à ce cartulaire lui-même, il est fait mention d'A. Guitbert *de Rua Fillo ; Rua Filho*, donnent encore une liève des Suaires, en 1270, un nécrologe de St-Martial vers 1330, et la Liève de la confrérie des Chandelles, en 1381 ; *rua dicta Filho, rua dicta Filhou*, trouve-t-on en 1371 à une Liève de St-Martial ; *Rua Filho*, au livre de raison d'Etienne Benoist (XV$^{e}$ siècle) que nous avons publié il y a quinze ans ; *rue Filhou*, au registre Malherbaud, en 1552, ainsi qu'aux Lièves de la Pitancerie de St-Martial et aux Répertoires généraux des revenus du Chapitre.

Quelques personnes ont imaginé que Raffilhou pouvait avoir une étymologie plus gaillarde et ont proposé d'y voir une corruption de *rua a las filhas*. Cette étymologie ne nous semble pas sérieuse.

Celle qui est la plus généralement admise est celle qui fait venir Raffilhou de *Rua aux Filhoux*, rue aux filleuls (de la paroisse St-Pierre). On sait qu'on donnait autrefois le nom de prêtres-filleuls aux prêtres qui, baptisés dans une église, composaient son clergé et formaient ces communautés d'ecclésiastiques séculiers, sortes de petits chapitres qui desservaient au moyen âge nos très anciennes paroisses et qui gardaient quelque chose de l'organisation primitive du clergé paroissial. Limoges avait possédé quatre au moins de ces intéressantes associations : à St-Pierre-du-Queyroix, à St-Michel-des-Lions, à St-Maurice de la Cité et à Notre-Dame des Arènes. La communauté de la première de ces églises était nombreuse. Elle compta à certaines époques une quarantaine de membres et plus, ayant à leur tête un syndic élu. Il y en avait encore trente-cinq au seizième siècle. Ils recevaient chacun leur part des revenus communs des biens de l'église, et les legs à cette communauté ne sont pas rares dans les testaments. Chacun d'eux était de plus à titre personnel investi d'un petit bénéfice et desservait spécialement une de ces vicairies fondées par les familles aisées de la paroisse, familles de bourgeois, familles d'artisans, et que se faisait un devoir et un honneur de doter chaque génération.

Il suffisait au moyen âge, pour être admis dans ces sociétés, d'avoir été baptisé dans la paroisse. On ajonta plus tard à cette condition, remplie par un trop grand nombre de candidats, dix ans de ministère et six mois de postulation. Au dix-huitième siècle, beaucoup de rentes s'étaient perdues et la diminution du pouvoir de l'argent se faisait de plus en plus sentir : En 1770, une ordonnance épiscopale réduisit à douze parts la mense des communalistes de St-Pierre. Deux furent attribuées au curé, les autres à dix vicaires.

L'étymologie qui rapporterait aux prêtres communalistes de St-Pierre, l'origine de la dénomination de Raffilhou, est, à à tout prendre, acceptable. Toutefois, ces prêtres ne paraissent pas avoir habité plus particulièrement dans la rue en question. Nous voyons, au contraire, par les documents des archives de la communauté, que le curé et les membres du clergé de St-Pierre demeurèrent presque à toutes les époques dans le voisinage immédiat de l'église et du cimetière ; rue Mireboeuf, place du Gras, et sur l'emplacement actel du Petit-Lycée, où le presbytère de St Pierre se trouvait encore au moment de la Révolution.

On note la forme *Roufilho* en 1412, (Hôtel-de-Ville, cadastre, CC.1), *Roffilho* en 1461 (Arch. dép. St-Pierre, Terrier Dupin), *Raphilou* en 1496 (ib. Terrier de St-Gérald), *Rafilho*, *Roffilho*, *Roffilhou*, *Ruafilhou*, *Ruafolhou*, *Rouffilhou*, *Raffilhou* au seizième siècle (ibid. Répertoire de St-Martial et Hôpital.) A partir de 1564 ou 65 l'orthographe « Raffilhou » devient la plus usitée.

L'abbé Legros dit avoir trouvé, en 1484, la mention : « rue Raffilhou, autrement de Gaumerdier. » Nous avons en effet noté cette dénomination dans une pièce des Archives de l'Hôpital, à la date de 1491 : peut-être y a-t-il là une mauvaise lecture, car nous avons relevé au Terrier des prêtres de St-Pierre, dit *Terrier Dupin*, en 1461, une dénomination s'en rapprochant singulièrement : « *Rua de Roffilho*, *al. de Joumardiere.* » Un répertoire de la communauté des prêtres de St-Michel, aux Archives du Département, fournit un acte où la rue qui nous occupe est dénommée: «rue Raffillou *alias des Cloutriers* ». Ce sont les seuls textes qui donnent l'un et l'autre nom.

Il y avait, dans la rue Raffilhou, une croix que signale un texte des dernières années du quinzième siècle, mais dont nous ne retrouvons aucune mention postérieure. On y voyait quelques cabarets comme dans le Verdurier. La population qui l'habitait, aux deux derniers siècles, au moins, était peu aisée, et cela se voit bien aux professions exercées par elle et à quelques pauvres inventaires de son mobilier qui nous sont parvenus.

A un titre du chartrier de Nexon, qui nous a été communiqué par notre ami Champeval, un des plus laborieux et des plus infatigables écumeurs de greniers — et des plus généreux aussi — qu'il y ait sous le ciel de France, il est question, en

1618, de « la grande et petite rue Raffilhou ». Notre rue n'a jamais eu même un charreyron, et nous ne chercherons pas à éclaircir ce mystère ; nous savons d'avance que nous n'en viendrions pas à bout.

## XVI

Porte Poissonnière, — Porte Poulaillère : deux portes qui ont disparu avant les autres, et dont l'origine et l'histoire nous sont — force nous est d'en convenir — très peu connues. Faut-il y voir deux entrées différentes ayant existé à la même époque ? Ne seraient-elles qu'une seule et même porte, désignée suivant le besoin ou le caprice du moment, sous deux dénominations différentes ?— Le cas est fréquent au Moyen-âge et n'est pas rare de nos jours, où on dit indifféremment : «route de St-Junien » ou « faubourg d'Angoulême », — « Nouvelle route d'Aixe » ou « Avenue Baudin » ? — Ou bien ces deux noms ne désigneraient-ils pas deux emplacements successifs d'une même entrée, que les événements ou les besoins de la circulation avaient obligé de transférer de son assiette primitive à un autre endroit, peu distant du reste ?

De ces trois hypothèses les deux premières ont été soutenues ; nous pencherions de préférence vers la troisième.

Nous avons vu plus haut qu'avant 934, Etienne, abbé de St-Martial, avait élevé deux tours pour la défense du Château : l'une du côté des Arènes — *ad Arenas* — nommée ***Fustinie*** ; l'autre, *ad Scutarios* : cette tour, désignée sous le nom d'Orgolet

— *Orgoletum*, — ne serait autre, d'après l'auteur des *Annales manuscrites*, que la tour ou porte fortifiée indifféremment appelée Porte Poulaillière ou Porte Poissonnière : « Argoule, alias Porte Poissonnerie et Poulalhière » (p. 123).

On ne peut guère mettre en doute que la tour ou porte fortifiée «Argoule», Orgolet ou Orgolette,fût tournée dans la direction de la Cité et placée à peu près en face d'une des entrées de la ville épiscopale, de celle probablement désignée pendant tout le moyen âge sous le nom de Scutarie, Scuderie, Escuderie : de là l'expression *ad Scutarios*, appliquée à cette construction par le catalogue des abbés de St-Martial et signalée à un des chapitres précédents.

La tour Orgolet subsista-t-elle longtemps ? Elle n'est nommée que dans le seul texte que nous venons de citer, emprunté à un ouvrage d'Adémar de Chabannier, mort peu après 1030. Il est probable qu'elle disparut de bonne heure, car la ceinture du Château commença à s'élargir dès le onzième siècle ; les remparts durent être reportés en avant dans toutes les directions autour du noyau primitif des habitations. Cette première tour se trouva bientôt renfermée dans l'intérieur de la ville, et comme submergée par la marée montante des constructions particulières.

On peut croire aussi que,dès avant cette époque, elle avait changé de nom, et c'est l'opinion de tous les savants ayant un peu étudié l'anciene topographie de Limoges, qu'on doit identifier la tour ou porte Poulaillère avec la vieille tour d'Orgolet.

## XVII

La porte Poulaillère, qui paraît avoir été démolie à la fin du douzième ou au commencement du treizième siècle, — qui n'existait plus à coup sûr au quatorzième (sur son emplacement a été construite à cette époque la belle maison Beauvieux, n° 1 actuel de la rue du Consulat), était, pour les habitants du Château, l'entrée de la ville par excellence, la « porte » sans qualificatif et sans dénomination supplémentaire. A sa voûte, en effet, avait abouti, pendant toute une période de l'histoire du « bourg de St-Martial », la principale avenue du nouveau Limoges, la voie qui montait du vieux pont gallo-romain ; là débouchait le chemin qui reliait le Château à la Cité ; de là enfin partait la rue la plus marchande et la plus riche, cette vieille rue des Taules, dont le manuscrit latin n° 5243 de la Bibliothèque nationale nous fournit une mention antérieure à l'an 1114, et qui conduisait tout droit à la basilique de l'apôtre d'Aquitaine, le principal but du voyageur ou du pèlerin.

Nous le répétons : les documents administratifs du moyen-âge et les actes de toute nature désignent la Porte Poulaillère, la rue qui y aboutit et le canton même dont cette rue est la maîtresse voie, sous la simple dénomination de « la Porte ». Les autres entrées de la ville ont chacune leur appellation spéciale : porte Lansecot, porte Boucherie, porte Manigne. Celle-là est « la Porte ». Et les exemples de cette appellation significative se comptent par centaines. On en trouve dès le commencement du treizième siècle. Les archives de l'Hôpital nous fournissent la plus ancienne : S. Marteu, *de Porta*, est témoin à un acte en 1217. Au dépôt si riche du département de la Haute-Vienne, nous relevons dans un terrier de Grandmont (n° 1044) l'analyse d'une donation un peu postérieure, où il est parlé de l'emplacement appartenant à Hugues Bonnebourse, *ad Portam*. A son tour le précieux cartulaire du Consulat mentionne, en 1241, *la meijo de La Porta que fo N'Imbert deu Peyrat*. Ajoutons que, de 1508 à 1601, les Registres Consulaires nous font connaître, chaque année, le nom du consul élu pour le « canton de La Porte »; ils énumèrent également, aux seizième et dix-septième siècles, les noms des partisseurs de taille de ce quartier et, de loin en loin, à partir de 1603, donnent la liste des notables désignés pour concourir aux scrutins municipaux. Au relevé officiel des quartiers, celui de la Porte est toujours nommé le second, immédiatement après celui des Taules. Peut-être faut-il voir là une preuve de l'ancienneté de son existence.

Et cette simple désignation : *la Porte* s'applique bien a la Porte Poulaillère. Quelques passages du Livre de raison d'Etienne Benoist, 1426 à 1454, suffiraient à l'établir : « Pierre Raymond de la Porte, qui s'appelle la Porte Poulaillère » — *de la Pourta, que se apela la Pourta Gali-*

*nieyra* — ; « Défunte Peyronne Botin, fille du seigneur Jean Botin de la Porte, et sœur du seigneur Pierre Botin, de *ladi-te* porte Poulaillère — *filha que fo deu senheir Johan Boti de la Pourta, e sor que fo deu senheir Peyr Boti de ladicha Pourta Galinieyra.* Quantité de confrontations, au surplus, ne laissent aucun doute sur ce point.

## XVIII

La porte Poulaillère, on l'a dit plus haut, n'existait plus dès le treizième ou le quatorzième siècle. L'usage ne s'en conservait pas moins de désigner sous son nom l'emplacement où elle s'était jadis élevée. A un acte de 1504, aux Répertoires des titres de St-Martial, il est parlé d'une « maison faisant queyrie devant la porte Poulalière, entre la maison de Martial Audier d'ung costé, la rue des Taules et la rue de Fon Grouleu ». Et près de cent ans plus tard, le médecin Fayen, dans son plan, marque d'une étoile le carrefour situé devant l'ancienne porte, et écrit à la légende explicative : « Porte Poulalière ». A partir du seizième siècle, néanmoins, on écrit souvent *place* ou *carrefour de la Porte Poulaillère* ou *Barrière* de la Porte : « Maison située en la barrière de la Porte, faisant queyrie entre, etc. », 1504 (Répertoire de St-Martial) ; — « place et carrefour de la Porte Poulalière », 1556 (Registres consulaires) ; — « plasse appelée la *porte Poulalière* », 1666 (Arch. Dép., n° 591), etc.

Ce carrefour était un des endroits les plus fréquentés de la ville, et de tout temps les crieurs publics y firent leurs annonces. Sur beaucoup de vieux rouleaux de parchemin relatifs à des actes de ventes publiques, il est rappelé que l'annonce de la subhastation a été faite notamment à la porte Poulaillère. C'est là qu'en sortant de la maison commune, le 5 décembre 1365, Thomas de Rooz, sénéchal du roi d'Angleterre, se transporte en grand apparat, après avoir donné à un des consuls, Etienne Ruaud, la baguette qu'il tenait à la main, pour l'investir, lui et ses collègues, de la justice du Château, et la clé de l'Hôtel de Ville en signe de la remise, aux magistrats municipaux, du siège de leur administration. Les douze consuls sont là, revêtus de leurs insignes, assistés de notaires chargés de dresser un minutieux procès-verbal de tous les actes, de toutes les déclarations de cette mémorable journée ; et la suite du gouverneur de la province : hommes de guerre aux brillants costumes, hommes de loi en robes et en chaperons ; et la foule animée, tumultueuse, enthousiaste, criant : *Los* et *Vivat*. Sur l'ordre du représentant du roi d'Angleterre, Pierre Pieucatiey, trompette du consulat, sonne un ban, puis fait connaître à tout le peuple que le souverain vient de rendre la ville à ses magistrats librement élus et que dorénavant, sous la suzeraineté du prince, les consuls seront, sans nulle mouvance intermédiaire, les seuls seigneurs et les seuls justiciers du Château de Limoges.

Le carrefour existant à l'intersectinn des quatre rues de la Porte, Fourie, des

Taules et Font Grouleu devait, sans avoir une grande étendue, être un peu plus large qu'aujourd'hui ; car à l'entrée solennelle d'Antoine de Bourbon, roi de Navarre et vicomte de Limoges, le 21 décembre 1556, on y dressa un « eschaffault » où fut représentée une *moralité* à six personnages, dont le premier de nos *Registres consulaires* transcrit religieusement le livret. Les personnages étaient : *Honneur*, *Vertu*, *Limoges*, et trois de ses habitants. Les vers que nos acteurs improvisés débitèrent au prince étaient peu dignes d'être conservés à la postérité et nous voyons d'ici le sourire résigné dont le noble hôte de la ville dut accueillir ce nouveau témoignage poëtique de la joie des citoyens. Il fit, paraît-il, fort bonne contenance, sachant son métier de prince et désirant que les habitants de Limoges gardassent de lui un bon souvenir. Mais le malheureux roi-vicomte venait de subir à la Porte-Manigne la représentation d'une première moralité. Il est vrai que le spectacle, cette fois, avait été plus pittoresque et plus machiné (qu'on nous permette ce mot moderne). On y voyait « Limoges, personnage gris et aagé, habillé à l'ancienne mode, » qui dormait paisiblement. Des bergers le réveillaient pour lui annoncer l'heureuse nouvelle de la venue prochaine

De son seigneur si noble et magnanime.

Le bonhomme Limoges bénissait le ciel et se congratulait comme de raison. Puis il se mettait à genoux devant le roi et lui adressait une de ces harangues singulières dont nos pères avaient le secret :

Vooids Limoges qu'à heu beaucoupt d'afaires
Qui sont esté a luy fort improsperes,
Car les angloys et aultre nation
L'ont quasi mise en desolation,
Veu qu'aultrefoys, en grand prosperité
A heu grand bruict tant Ville que Cité ;
Mais apres Dieu et le bon roy de France,
En toy seul git toute son esperance
De parvenir en aussi grand haultesse
Qu'a present est l'ancienne Lutesse.
Me vooidcy donc, et tout ce populaire
Qui te retient pour defenseur et pere,
Crians trestous, grand, petit et menu :
Fleur de noblesse, tu soys le bienvenu !

La poésie est assurément médiocre ; mais l'intention du poète était si bonne que le roi parut enchanté.

Son compliment fini, Limoges montra un énorme cœur rouge dans lequel se trouvait une pomme. Le cœur s'ouvrit, la pomme « s'escartela » ; il en sortit un enfant de dix ans « accoustré en fille et déesse » qui souhaita à son tour la bienvenue à Antoine de Bourbon et lui présenta une clé en argent. C'était la clé de la ville et celle des cœurs de tous les citoyens. Le prince « espris, dit le narrateur, d'un souverain plaisir », tant à cause de cette ingénieuse allégorie qu'à cause de la bonne grâce du jeune acteur, prit la clé et la garda à la main jusqu'à son logis.

## XIX

On trouve : *porta Guallinaria*, au manuscrit 11019 du fonds latin de la Bibliothèque nationale ; *rua de la Porta Jalinieyra* en 1349 (Arch. Dép. n° 7983) ; *Porta Polalhiera* en 1421 (abbé Legros) ; *Porta Geliniera*, en 1433 (Terrier de Grandmont, à M. Nivet Fontaubert) ;

*rue de la Porte Poulalieyre* ou *Polalieyre*, 1485 (Legros) *rua publica de la Porte Polaliere*, en 1504 ; (Repert. St-Martial) ; *Soubs la porte Getinier*, au XVIe siècle (Hôtel de ville G G 218, fol. 25 et 27) ; *rue appelée la porte Poulaliere*, en 1549-1550 (Terrier Malherbaud).

Cette porte tire son nom de l'ancien marché à la « poulailhe » qui se tenait sous son arceau et aux abords. L'abbé Legros fait remarquer que les paysans et les marchands de volaille avaient conservé l'habitude de vendre leurs poulets dans cet endroit,et que la rue Poulaillère et les rues avoisinantes comptaient plus de rôtisseurs et de traiteurs qu'aucun autre quartier de la ville.

La rue de la Porte a été habitée par quelques unes des familles les plus notables et les plus riches de Limoges : les Audier, les du Peyrat, les Benoist. Ceux-ci y possédaient un immeuble qu'une de leurs branches occupa pendant plusieurs siècles. Il est souvent question, dans un précieux livre de raison, laissé par un membre notable de cette famille et recueilli jadis par l'excellent M. Astaix, de cette maison de la Porte. Les Benoist qui vécurent dans ce quartier comptèrent parmi eux quelques orfèvres, entr'autres Jean Benoist, que nomment plusieurs documents. L'habitation de celui-ci était attenante, dans les premières années du seizième siècle, à celle d'un autre orfèvre appartenant, celui-ci, à la dynastie la plus ancienne de nos artistes limousins, Jean Vidaud. Les Vidaud sont nommés à plusieurs époques au nombre des habitants de la rue. Ils y ont encore un immeuble en 1775. En 1580, un Ardant, orfèvre aussi, y possède une maison (Chartrier de Nexon).

D'autres artistes, les Célière, qui acquirent de la réputation et dont le plus connu, Pierre, alla s'établir à Paris et exécuta, en 1646, avec Claude de Villiers, la célèbre châsse en vermeil de St-Martial, brisée en 1793, habitaient le quartier de la Porte en 1635. On trouve encore, du XIIIe au XVIe siècles, les Meyze, les Hardy, les Rogier, les Amieilh, les Bonnebourse, les Jayac, les Raynaud, les Renaudin, les Rogier, les Bouillon, les Croisier, les Maillot, les Michelon, et bien d'autres. Nous verrons plus loin qu'un citoyen de ce canton légua, au quatorzième siècle, sa maison aux consuls pour en faire l'Hôtel de Ville ; mais aucun document ne nous autorise à penser que la maison commune ait jamais été transférée dans la rue de la Porte ou dans le voisinage.

## XX

Le principal édifice de cette rue était, dès l'époque où ce legs fut fait à la commune, la jolie maison, dite aujourd'hui maison Beauvieux, qui forme l'angle de la rue du Consulat. La façade sur cette rue a été modifiée ; mais le côté de la rue Poulaillère, sans être demeuré tout à fait intact, donne une idée assez complète de ce que pouvait être, au moyen-âge, la demeure d'un riche bourgeois de Limoges. Supportés par les robustes ogives du rez-de-chaussée, les étages supérieurs sont éclairés par des fenêtres à arceaux découpés et à élégantes colonnettes. Un cordon de modillons variés, complète la décoration extérieure. A l'intérieur, on voit encore de curieuses sculptures : têtes, bustes, écussons. Une clé de voûte présente la main bénissante du Très Haut dans un nimbe crucifère. La plume ferme et délicate de M. le baron de Verneilh a reproduit, il n'y a pas bien longtemps, dans le Bulletin de notre Société archéologique, plusieurs de ces motifs. Le savant archéologue rappelle, à cette occasion, l'analogie qui existe, toutes proportions gardées, entre l'aspect de ces vieilles demeures bourgeoises et celui des grands palais de Venise.

L'immeuble Beauvieux, ou tout au moins la partie de cette maison qui est la plus intéressante pour les artistes et les archéologues, sera enlevée par la percée de la rue Centrale. Les élégantes façades Renaissance du haut de la rue du Consulat ont depuis longtemps disparu. L'incendie de 1864 a consumé le joli hôtel De Voyon. Quelques immeubles de la rue du Temple et la maison Marmignon, de la Place des Bancs, rappelleront seuls bientôt que, même dans leurs constructions privées, nos pères, autant et peut-être plus que nous, avaient su faire une place à l'art.

Il est à souhaiter qu'un architecte de notre ville relève avec soin les plans et dessins de la maison Beauvieux avant que la pioche des démolisseurs la jette par terre. M. Regnault, dans son rapport au maire de Limoges sur l'ouverture de la rue Centrale, assurait que le service des travaux de la commune avait, dès cette époque, exécuté ces dessins. Sont-ils à l'Hôtel de Ville ? L'immeuble paraît avoir été au quatorzième siècle la propriété de la famille Raymond ; il appartenait, avant la Révolution, aux Maurensanne ; son propriétaire est aujourd'hui Mme veuve Beauvieux.

Il est question, au récit de l'entrée et du séjour de Charles VII dans notre ville, en 1438, (Chroniques de St-Martial), d'une « grande rue » — *Magna carreria*, suivie par le cortège, allant de « Descendant Manigne » aux Taules. L'auteur ne peut vouloir désigner que Poulaillère ou Cruche-d'Or. Nous ne connaissons pas, au surplus, d'autre exemple de cette dénomination.

La rue Poulaillère a possédé autrefois comme Vieille Monnaie, sa statue vénérée de Notre-Dame ; car elle est souvent, de la fin du quinzième à la fin du seizième siècle, désignée sous le nom de *rue de l'Eymagene*, c'est-à-dire de l'image, de la statue. Nous avons rencontré ce nom, pour la première fois, dans un registre de la Pitancerie de St-Martial, aux Archives du Département. L'étymologie n'est pas douteuse, puisque le terrier Malherbaud du même dépôt se sert, à la date de 1552, de ces mots : « rue de la Porte Poullalière, *devant l'imagene.* » A une autre pièce des Archives du département, on lit, en 1583 : « rue de la Porte, autrement de l'Eymagene » (Arch. Dép. D. 23), et aux Repertoires dss titres de St-Martial, un acte de 1561 nous fournit cette confrontation : « Maison en la rue de l'Eymagene, faisant coin de la dite rue et de la rue du Consulat, confrontant entre la maison de la veuve Rogier, devers la rue Crochedor, et la maison Martial Rogier, du costé du Consulat ». Au terrier Malherbaud, une maison de la rue Poulaillère est dite, en 1552, « contigue à la maison des Vidauds du côté de l'Eymagene, et à la maison de N. du côté de Rafilhou ». Il semble que c'est surtout au débouché de la rue, à l'encoignure où sans doute était installée la statue, qu'on donnait ce nom de l'Eymagene. « *Queyria vocata* Leymagene » (Terrier Baignol); en 1504 les habitants de cette partie de Poulaillère sont désignés sous la même dénomination : *Joannez Boillon de Ymagine*, Jehan Guybert de l'Eymagene, Du Peyrat de Leymagene (Reg. consulaires), etc.

Cette « eymagene » était peut-être la vierge de l'ancienne Porte Poulaillère.

## XXI

Nous avons parlé plus haut de la Porte Poissonnière et émis l'opinion qu'elle ne devait pas être identifiée avec la Porte Poulaillère ; que, néanmoins, il ne fallait pas voir dans ces deux portes deux entrées différentes du Château de Limoges, mais deux emplacements successifs d'une même entrée. Ce n'est là, bien entendu, qu'une hypothèse. Toutes les personnes ayant étudié, d'un peu près, les petits problèmes de la topographie locale posés à chaque instant par les vieux textes, savent quels doutes peuvent subsister quand on s'occupe d'édifices ou de quartiers disparus depuis longtemps, et comprendront que nous émettions notre opinion sous toute réserve.

Nous ne sommes pas surpris que plusieurs auteurs, celui des *Annales manuscrites* entr'autres, aient complètement identifié la Porte Poissonnière et la Porte Poulaillière. Outre que leurs emplacements respectifs étaient fort rapprochés, on constate que plusieurs textes désignent la première sous la simple dénomination de « La Porte », réservée d'ordinaire, nous l'avons vu plus haut, à la seconde. Les obituaires et les chroniques de Saint-Martial, mentionnant, sous la date de 1266, la mort d'un riche bourgeois, Pierre Brun, appellent celui-ci : « Pierre Brun, de la Porte ». Or l'épitaphe de ce personnage, dont le texte nous a été conservé, le nomme : Seigneur P. Brun, de la Porte Poissonnière « En P. Brus, de la Porta Peichoniera », et un nécrologe de Saint-Martial, parlant d'une rente léguée par la femme de Brun et assise sur une maison, dite maison des Guérin, à la Porte Poissonnière — *in domo aus Garanhs a la Porta Peychonieyra*, se sert encore de cette expression : « Brun, de la Porte ».

Les libéralités de Pierre Brun avaient été considérables ; il était dit, entr'autres choses, dans son testament, que chaque année, le jour des Rameaux, ses héritiers seraient tenus de faire, pour le salut de son âme, une grande aumône, et que cette aumône consisterait en une distribution de pain « à toutes les religieuses du Limousin ».

Brun n'a pas été le seul bourgeois généreux dont les chroniques et les documents d'archives nous aient conservé le nom. Sans parler des petits legs pour la réparation des murailles, pour le rachat des fontaines, qu'on relève non sans quelque émotion dans les testaments de braves gens, plus ou moins riches, désireux de s'associer, jusqu'au delà de l'existence, aux sollicitudes et aux sacrifices de leurs concitoyens, touchants exemples de solidarité et de patriotisme, — la population de Limoges ne devrait pas perdre la mémoire de certains bienfaits et de certains noms. Nous avons, il y a bien longtemps déjà, cherché à réveiller le souvenir de quelques-unes des *dettes* notables de notre ville ; mais le Conseil municipal opportuno-radical d'alors (nous n'en étions pas encore aux socialistes) fit la sourde oreille — comme tous les mauvais débiteurs. Et pourtant serait-il inutile, dans notre temps de féroce individualisme et d'égoïsme forcené, si mal dissimulés sous les plus généreuses théories, d'apprendre aux enfants des écoles le nom de ce Barthélemy Raynaud qui légua, en 1362, sa maison de la Porte à la commune, pour être affectée à la tenue du consulat et des assemblées de ville, ou à tout autre service public ; le nom de ces Audoin, qui avaient légué une rente pour donner des vêtements aux pauvres de la ville ; des du Peyrat, qui firent un legs aux mêmes intentions ; de Laurent Aymeric, qui constitua un fonds pour assurer aux indigents des distributions d'aliments ; de Simon Borzes, contemporain de Brun, et de sa femme Aalaïs, qui affectèrent une rente de douze livres et demie (quelque six ou sept cents francs au pouvoir actuel de l'argent) pour que chaque année, le 22 février, jour de l'assemblée des quartiers pour le renouvellement des magistrats municipaux, mille pains fussent distribués à mille religieuses du diocèse, afin d'appeler par cette aumône la bénediction d'en Haut sur l'élection. Legs pieux et patriotique, dont on aime à rappeler le souvenir... Allons, Messieurs de l'Hôtel de Ville, un peu de justice et de reconnaissance : une rue à Barthélemy Raynaud ! une rue à Simon Borzes ! — Il est vrai que si le Ciel exauçait le vœu de cet excellent citoyen, et si le Saint Esprit daignait illuminer l'intelligence des électeurs lors du prochain scrutin, peut-être auriez-vous lieu de concevoir certaines inquiétudes au sujet de votre réélection...

Revenons à la difficulté que nous signalions plus haut. Il ne faut pas l'exagérer : les textes que nous avons cités sont les seuls, croyons-nous, qui emploient l'expression « la Porte » sans autre nom pour désigner la porte Poissonnière. Toutes les autres mentions de « La Porte » tout court, que nous ayons pu vérifier, soit à l'aide d'autres documents, soit par le contexte même de la pièce qui nous les donnait, paraissent se rapporter à la Porte Poulaillère.

## XXII

L'emplacement de la Porte Poulaillère est distinct, nous en avons la preuve par plusieurs textes, de celui de la Porte Poissonnière. Le procès-verbal de la remise de la ville de Limoges aux magistrats de la commune par le sénéchal d'Angleterre, qui nous a été conservé par l'auteur du *Commentaire sur la coutume de Limoges*, l'avocat Etienne Gaybert, et que nous avons déjà cité, suffirait à l'établir. Nous voyons, en effet, qu'après la séance à l'Hôtel de ville, le sénéchal ordonne, sur la requête des consuls, de procéder à la publication des lettres royales. Le cortège se rend, en premier lieu, à la Porte Poulaillère, « *ad portam vocatam Jalynieyra* », où la proclamation est faite devant la maison de Pierre Raymond ; de là à la place des Bancs, puis successivement dans la rue Ferrerie, au carrefour de la fontaine Servière (des Barres), devant le clocher de St-Martial, enfin au lieu dit « La Porte Poissonnière » *in loco de La Porte Peyssonnieyra*. Il n'est donc pas possible de confondre la Porte Poissonnière avec la Porte Poulaillère.

Plusieurs confrontations anciennes désignent du reste le point qui nous occupe de façon à ce qu'aucune confusion ne puisse subsister. La Porte Poissonnière est beaucoup plus au nord-est que la Porte Poulaillière, et paraît confronter à la place du Gras, qui s'étend au devant de l'église de St-Pierre. Elle est dite, à plusieurs actes, située « près le cimetière de St-Pierre », « non loin de la Fontaine ». Or la fontaine se trouvait sur la place du Gras, au-dessous du marché, presque dans le prolongement de la rue Fourie, et le cimetière dont il est parlé ici ne peut être que celui attenant au cimetière de Saint-Martial, lequel fut clos de murs en 1307 et dont la partie inférieure de la place Fournier indique encore la situation. Une confrontation de 1552, au terrier Malherbaud, est assez caractéristique : « Maison rue de la Porte Poissonnière, devant le cimetière de St-Pierre, faisant le coin, confronté à la maison Monneyron, la rue par laquelle on va de la fontaine de St-Pierre à Vieillas Claux et le cimetière de dessous les Arbres ». Seulement, il s'agit ici non de la Porte elle-même, mais de la rue à laquelle la Porte donna quelques fois son nom et qui certainement en a porté un autre, puisque trois ou quatre fois seulement nous avons rencontré la mention de cette rue. Or, à un terrier des prêtres de St-Pierre, Raffilhou est précisément dénommée, en 1379, « rue de la Porte Poissonnarie. » Y a-t-il là une erreur ? C'est possible, car le texte que nous citions tout à l'heure indiquerait plutôt, semble-t-il, la partie de la rue Mirebœuf débouchant sur la place St-Pierre et dirigeant vers Viraclaux la vieille rue St-Nicolas, tant de fois remaniée que nous ne pouvons guère nous rendre compte aujourd'hui de son ancien tracé. En tous cas la dénomination de « Porte Poissonnière » paraît avoir été surtout attribuée au débouché de la rue Raffilhou sur le Gras. C'est l'avis de l'abbé Legros et d'autres écrivains limousins, et nous sommes assez disposés à le partager, tout en reconnaissant que la question ne se présente pas à nous avec des éléments suffisants d'étude. La Porte Poissonnière aurait donc été située dans la partie haute de la Place du Gras, peut-être au débouché commun des deux rues

Fourie et Raffilhou : celles-ci avançaient jadis sur la place beaucoup plus qu'elles ne le font aujourd'hui. Nous avons vu disparaître, en 1861, la très curieuse maison qui formait l'encoignure des deux rues. C'était un bâtiment solide, dont les étages inferieurs étaient en pierres, et dont l'architecture massive, non toutefois sans une certaine élégance, accusait plutôt le treizième siècle que le quatorzième. Le rez-de-chaussée portait encore l'inscription-enseigne : *Au bon coin*, dont les caractères paraissaient dater du règne de Louis XIII ou de Louis XIV.

Nous connaissons l'origine du nom de la Porte Poissonnière et de la rue qui en tirait sa dénomination — *Porta Peychonieira*, 1266 (Epitaphe de Brun) ; *Apud Portam Peyssonieyra*, 1288 (fonds de St-Martial ; *rua de la Porta Peyssonieira*, 1379 (prêtres de St-Pierre) ; *Porta Peyssonieyra*, 1383 (Liève des pauvres à vêtir), etc. — C'est a cette entrée de la ville qu'autrefois on vendait les poissons. Il est probable que l'emplacement de ce petit marché était dans la mouvance directe de l'abbé de St-Martial et que les vicomtes voulurent, à cause des droits qui se percevaient sur la vente, le transférer sur un fonds ne relevant que d'eux; toujours est-il que, le 18 juin 1305, les officiers de Jean de Bretagne installèrent ce marché au gras du Queyroix, *ad gradum de Quadruvio*. Il existait déjà un marché à cet endroit, puisque les bancs et étaux du Queyroix, *Scamna de Quadruvio* avaient été adjugés dès 1276 aux Vicomtes par les Maulmont, aux termes d'un des articles de cette fameuse sentence, contre laquelle protestèrent avec tant de raison, mais sans succès, les bourgeois. Peut-être le transfert de 1305 ne fut-il que l'exécution de cette sentence, différée pour des motifs inconnus de nous. En tout cas, l'ancien marché n'était guère éloigné du premier : quelques pas à peine séparaient les deux emplacements.

Concluons, toujours sous réserve, car il y a, nous ne le dissimulons pas, une part d'hypothèse dans cette conclusion : Quel qu'ait été l'emplacement précis de la porte Poissonnière, il paraît ne pouvoir être cherché ailleurs que dans la partie supérieure de la place St-Pierre : il était donc fort rapproché de celui de la Porte Poulaillère, qui s'était élevée au débouché sud-est de la rue des Taules ; mais il en était distinct. Toutefois le rapprochement de ces deux points ne permet guère de croire qu'aux premiers siècles de l'histoire du Château de Limoges, il y ait eu là, simultanément, deux entrées. Nous avons tout lieu de supposer que la Porte Orgolet, devenue Porte Poulaillère, fut, la ville grandissant, reportée à soixante-dix ou quatre-vingts mètres au nord et que cette nouvelle entrée reçut la dénomination de Porte Poissonnière. Rappelons au surplus que, dès la fin du douzième siècle, l'un et l'autre emplacements se trouvent à l'intérieur de l'agglomération. Quand se rebâtissent les remparts, quelques années après la destruction, en 1182, par le roi Henri II, de l'ancienne enceinte fortifiée, les murs atteignent presque partout le périmètre actuel des boulevards, et l'accès de la ville s'effectue, dans la région objet de cette étude, par la Porte Mireboeuf, terminée en 1212 ; par la Porte de Boucherie, déjà existante à la même date, et par celle de Vieille Monnaie, dont nous avons parlé plus haut.

Nous terminerons ici notre étude sur les quartiers le plus directement menacés par l'exécution du projet d'ouverture de la Rue Centrale.

Nous reprendrons, lorsque d'autres parties de la ville seront à leur tour visées par les projets d'édilité, la publication de ces notes : elles n'ont d'autre but que de donner à ceux de nos concitoyens curieux des choses du passé, quelques notions précises sur le Limoges d'autrefois.

**Louis Guibert.**

## ERRATA

Un de nos excellents confrères, qui connaît comme personne le Limoges du seizième siècle et qui veut bien lire avec attention nos études sur quelques-uns des vieux quartiers de notre ville, nous signale une lacune dans l'énumération des étapes successives de l'atelier monétaire. Celui-ci a été installé, au cours du seizième siècle, (non au treizième, comme l'indiquent M. de Lépine et l'abbé Legros) dans la rue Banléger et paraît y être demeuré assez longtemps.— M .Bourdery a trouvé dans le fonds Bony, à la Chambre des notaires, un bail à ferme du 19 juillet 1579, par lequel Léonard Benoist, élu pour le Roi au haut pays de Limosin, loue pour quinze écus sol par an à Etienne Pinchaud, orfèvre et maître particulier de la Monnaie, agissant pour lui et ses associés Martial Dubois et Martial Vouzelle, «le dernier (derrière) d'une siene maison, size en la rue de Balager, auquel dernier s'exerce ladite monnoye », et « tout ainsi que les dits Pinchaud, Du- « bois et Vouzelle en ont jouy et uzé cy « devant, et sans y comprendre le de- « vant de ladite maison, etc. » Merci à notre obligeant correspondant.

— M. Ch. Nivet-Fontaubert nous rappelle aussi que le tribunal de commerce, en quittant la rue Arbre-Peint, n'alla pas sur-le-champ s'installer au Palais de Justice. Il demeura quelques années rue de La Loi, maison Deschamps, à peu de distance de l'emplacement qu'il avait occupé après la vente de l'hôtel de ville de la rue du Consulat : on se rappelle qu'au moment du grand incendie de 1790, le tribunal de la « Bourse » était établi dans la maison Farne-Crouzeix, formant le coin de l'ancienne rue des Pousses et de Montant Manigne.

www.ingramcontent.com/pod-product-compliance
Lightning Source LLC
LaVergne TN
LVHW020447230826
846091LV00004B/1583
* 9 7 8 2 0 1 3 6 7 1 2 4 8 *